des BATAILLES et des HOMMES

la bataille d'
ESSLING
Première défaite de Napoléon ?

Gilles BOUÉ

Planches uniformologiques d'André JOUINEAU — Compositions de Ludovic LETRUN

Cartes de Gregory PROCH et Denis GANDILHON

HISTOIRE & COLLECTIONS

ESSLING, LA PREMIÈRE DÉFAITE DE NAPOLÉON ?

Tous le racontent, tous le disent, Dumas, le général, Lejeune et Marbot aides de camp, Chevalier et Boulart officiers de la garde jusqu'à Girault simple musicien, la matinée du 23 mai 1809 fut celle du soulagement. L'armée avait pu se retirer sur l'île de Lobau et, à l'abri d'un rideau d'arbres, les sapeurs du génie et les pontonniers avaient démonté le dernier pont qui reliait l'île à la rive gauche du Danube.

1809, Napoléon a 40 ans, il semble avoir atteint la plénitude de ses capacités, il vient de repousser les Autrichiens par une brillante campagne, de s'emparer de la capitale autrichienne mais il n'a pas détruit la principale armée des Habsbourg.
Musée d'Aspern

QUELQUES CHASSEURS AUTRICHIENS lâchèrent de rares coups de carabine sur les travailleurs français puis le silence s'installa après le fracas d'une bataille qui venait de durer deux jours. On n'entendait plus que les gémissements et les cris des centaines de blessés qui gisaient pêle-mêle dans les prairies au bord du Danube.

Cette aquarelle de Mirbach illustre l'état d'improvisation des soins aux blessés dans l'île Lobau.
Composition de Mirbach.

Le général Rogniat dans sa *« réponse critique aux notes de napoléon »* sur ses *« considérations sur l'Art de la guerre »* publiées dès 1816 avançait l'idée suivante à propos du génie de Napoléon : « *sur une trentaine de batailles qu'il a commandées en personne, il a été assez heureux et habile pour n'en perdre que six, Essling, Krasnoïe, Leipzig, Brienne, Laon et Waterloo.* » Même si cette liste peut être discutée (en ajoutant Saint-Jean-d'Acre ou au moins Arcis-sur-Aube) la place d'honneur réservée à Essling nous engage à étudier avec un certain regard critique ce que fut cette bataille. En effet, bien que le nom d'Essling figure sur l'Arc de Triomphe de l'étoile (Essling orthographié Esling, est inscrit au milieu du fronton face aux Champs-Élysées) doit-on pour autant considérer celle-ci comme une victoire française ou plutôt comme la première défaite de Napoléon.

QUELLE VICTOIRE ?

La notion de victoire se définit comme une appréciation hautement polysémique, ne se comprenant généralement que dans une optique nationaliste et démonstrative d'une thèse à défendre.

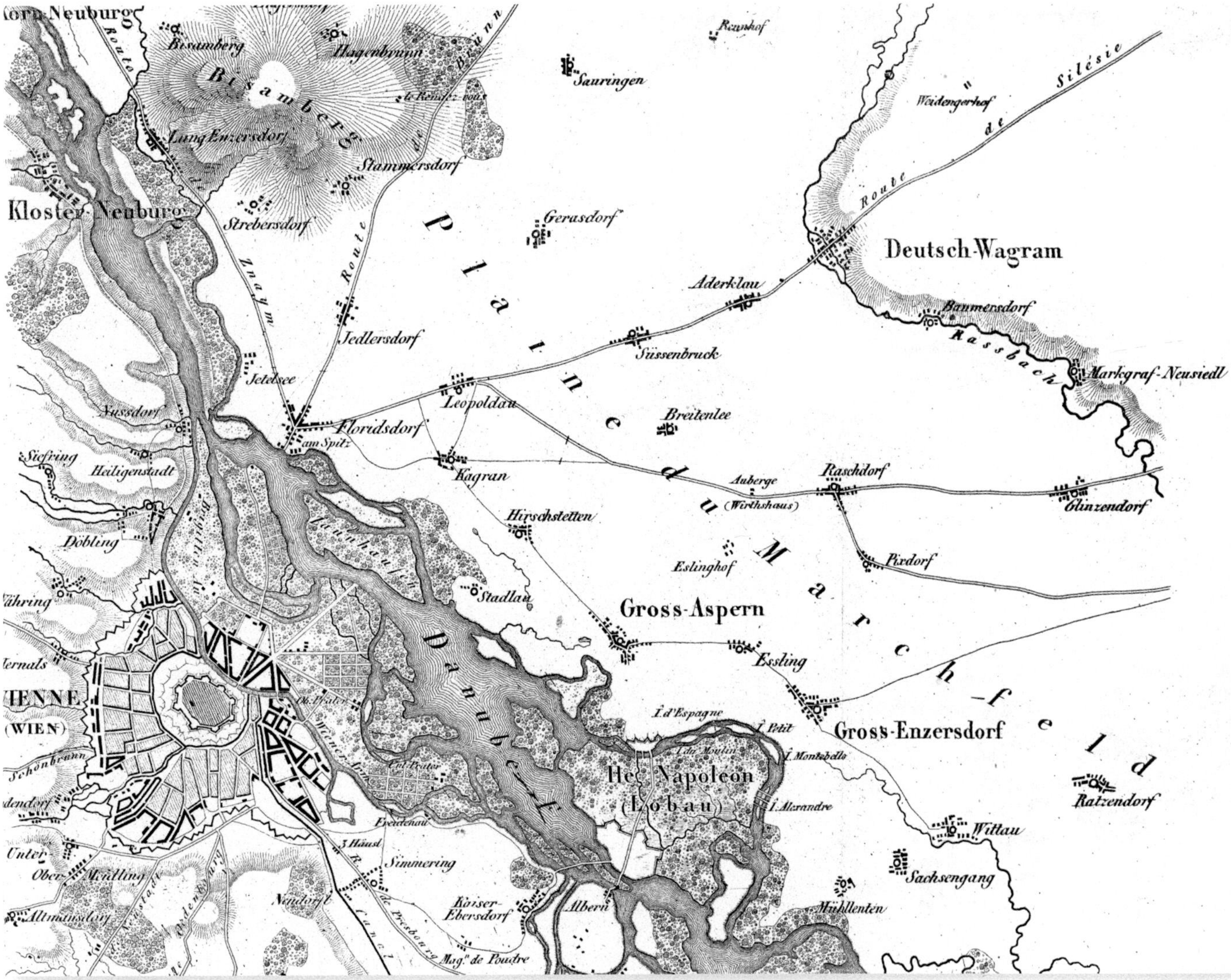

Le dictionnaire de l'académie française dans sa cinquième édition de 1798 propose la définition suivante : « *Victoire. Avantage remporté en guerre sur les ennemis, dans une bataille ou combat. Victoire sanglante, victoire douteuse. Pleine victoire. Victoire complète. [...] Il se dit aussi de tout avantage qu'on remporte sur un rival sur un concurrent.* [...] *On dit, crier victoire, en parlant du cri de joie que jettent les troupes après avoir remporté l'avantage. On dit familièrement, chanter victoire, pour se glorifier du succès. On dit proverbialement, Il ne faut pas chanter victoire avant le temps, Il ne faut pas se flatter trop tôt du succès et dans le même sens, il s'est trop hâté de chanter victoire* ». Ce qui est troublant dans cette définition, c'est qu'on y retrouve toutes les phases éprouvées par les acteurs d'Essling : doute, certitude, vanité et propagande. Échappe à la définition, une vision territoriale de la victoire, celle qui se définit par l'abandon ou le contrôle du champ de bataille. La défaite, ne retient que deux lignes dans le dictionnaire : « *Défaite, déroute d'une armée, ou de quelques troupes.* » Cette question de l'appréciation d'Essling se retrouve aussi dans une entente tacite de l'historiographie franco-autrichienne, le 10e bulletin de la Grande Armée[1] évoque dès le 23 mai, mais sans donner de qualification précise à l'engagement, la bataille sans la nommer. Il faut attendre Wagram pour retenir Essling, c'est-à-dire une vraie victoire pour nommer le demi-succès ou l'échec. Napoléon dans une correspondance datée du 24 mai adressée Louis-Charles-Auguste, Prince royal de Bavière, commandant la 1re division du 7e corps de l'armée d'Allemagne, à Salzburg ne reconnaît même pas la qualité de bataille aux combats des 21 et 22 mai : « *Le 22, j'avais passé le Danube et j'étais sur le point de détruire ce qui restait de forces au prince Charles : une crue du Danube a rompu mes ponts ;*

Carte extraite du cours d'histoire militaire du général Rocquencourt, 1853.
Collection de l'auteur.

1. In extenso dans les annexes.

L'Empereur félicite la division bavaroise pour sa conduite lors de la bataille d'Abensberg les 19 et 20 avril 1809.
Composition de Mirbach

ce qui a empêché le passage d'une partie de l'armée et de mes parcs. J'ai donc dû me borner à garder ma position et à réparer les ponts. L'ennemi s'en étant aperçu, il s'est engagé une assez vive canonnade, où la perte a été considérable de part et d'autre. » Réduire Essling a une simple canonnade, dénote un certain embarras, une gêne ou une interrogation sur la nature même des événements qui viennent de se produire. Pour les acteurs puis les auteurs autrichiens, il n'y a aucun doute, ils ont remporté une bataille, celle d'Aspern. Voici ce qu'en écrivit dans ses mémoires un viennois : *« Au début de la journée du 23, on pouvait conclure, d'après le comportement et la mine inquiète de nos hôtes forcés, que les choses n'allaient pas bien pour eux. Rien de certain ne pouvait se savoir. Je montai avant une heure avec mon précepteur, dans la tour des Écossais. Comment décrire notre joie, notre jubilation, quand notre excellent télescope de Ramsden nous montra les colonnes blanches des troupes de notre patrie disposées devant la rive du Danube, dans le plus beau soleil ! Les Français avaient tous disparu, la fusillade avait cessé ; on voyait parfois la fumée de quelques canons tirant de l'île de Lobau. On ne pouvait plus douter d'une victoire totale, l'invincible Napoléon était battu pour la première fois dans une bataille en pleine campagne ! »* (in Journal du Comte Eugen Von Czernin). Ce sentiment de victoire autrichienne est vécu aussi par les témoins français restés sur la rive droite du Danube. Le lieutenant Putigny, dans ses mémoires, décrit la même scène mais avec des accents d'inquiétudes légitimes : *« Des fenêtres et des toits de Vienne nous suivions, impuissants, ces événements tragiques. Autour de nous, les Viennois relevaient la tête et se voyaient déjà vainqueurs et commençaient à nous traiter de façon haineuse. La famille chez qui je logeais ne cachait plus ses sentiments, les deux frères manifestaient une attitude volontairement inamicale »*. La victoire semble donc autrichienne mais cette affirmation est commode et convient à tous : Essling reste une victoire française, Aspern devient une victoire autrichienne.

CHACUN SON HISTOIRE

L'historiographie ne s'y est pas trompée, si les études sur Essling sont relativement rares en France[2], cachant peut-être un léger accroc écornant la légende napoléonienne, elles abondent sur Aspern en Autriche. Dans un mouvement historiographique comparable à celui qui toucha la France à la fin du XIXe siècle, l'Autriche connut elle aussi une réévaluation des guerres napoléoniennes au travers du travail des archivistes et des officiers d'état-major. Aux travaux de Saski et Buat[3], répondent ceux de

Aujourd'hui encore, l'Autriche rend hommage à ses héros dont les têtes ornent le bâtiment du ministère du travail (l'ancien ministère de la guerre), sur le célèbre Ring viennois : fusilier allemand avec casque, fusilier hongrois, fusilier allemand avec shako, grenadier, Landwehr, Jaeger, cuirassier, uhlan.

Maximilian Ritter von Hoen (1867-1940) qui fût un officier général austro-hongrois, historien militaire de renom et directeur des KriegsArchiv de Vienne. Il fut responsable avec Hans Kerchnawe de l'écriture et de la publication de l'histoire officielle de la campagne de 1809. Leur ouvrage : « Geschichte der Kämpfe Österreichs : Kriege unter der Regierung des Kaisers Franz — Krieg 1809 » volume IV (803 pages) fut publié en 1910 et complété par un volume de cartes *« Geschichte der Kämpfe Österreichs : Kriege unter der Regierung des Kaisers Franz — Krieg 1809 Nach den Feldakten und anderen authentischen Quellen bearbeitet in der kriegsgeschichtlichen Abteilung des k. und k. Kriegsarchivs »*, (Histoire des combats autrichiens ; les guerres sous le règne de L'Empereur François, la guerre de 1809 d'après les cartes d'opération et autres documents authentiques conservés au service d'histoire des guerres des archives impériales militaire). Cet ouvrage est fondamental pour apporter une mise en perspective et parfois une contradiction à la « vulgate » des historiens français. Cette vision autrichienne est reprise dans des travaux plus récents parmi lesquels se distingue le court ouvrage de Manfried Rauchensteiner : *« Die schlacht von Aspern am 21.und 22. Mai 1809 »* publié en 1969 dans les Militärhistoriche Schrifftenreihe du remarquable Heeresgeschichtlische Museum de Vienne (Musée d'histoire militaire qui n'a pas à rougir d'une comparaison avec les Invalides). Les historiens anglo-saxons se sont aussi intéressés à cette campagne de 1809, en insistant souvent sur les sources autrichiennes[4] : le premier et plus célèbre des analystes de la bataille fut F. Lorraine Petre dans son *« Napoléon & the Archduke Charles »* de 1907, plus près de nous quatre auteurs se distinguent ; Scott Bowden avec *« Armies on the Danube »*, Parker Talbot et « Three napoleonic Battles » (dont Essling), James R Arnold et *« Napoléon conquers Austria ; the 1809 campaign for Vienna »* puis finalement Gunther. E. Rothenberg le plus récemment avec *« Napoleon's great adversary Archduke Charles and the austrian army »*. Tous insistent sur la relativité de la victoire ou de la défaite, sur les erreurs commises de part et d'autre et sur l'admirable ténacité des Français face aux revers de la chance.

Cette chance qui avait failli abandonner les Français leur avait pourtant souri dès l'ouverture de la campagne, les Autrichiens avaient été battus avec une grande régularité et reculaient sans pauses jusqu'au cœur de leur Empire. Mais aucun des succès ne s'était révélé décisif, le temps jouait contre Napoléon sous le regard d'une Europe attentive.

2. Il n'y a guère que le travail du Commandant Saski, qui date du début du XXe siècle (voir bibliographie), cette publication suivait le récit de la campagne de 1809 par le général Pelet en 1823.

3. Le commandant Buat compléta d'un atlas les travaux de Saski.

4. Voir la bibliographie à la fin de l'ouvrage.

L'EMPEREUR ET L'ARCHIDUC

Ci-dessus à gauche.
Représentation classique de l'Empereur à cheval, bien qu'au cours de la bataille, il passa le plus clair de son temps abrité derrière les bâtiments d'une tuilerie, à mi-chemin du débouché de Lobau, sur la route d'Essling.
Gravure de Bellangé, collection de l'auteur.

Ci-dessus à droite.
L'Archiduc Charles (1771-1847), frère de l'Empereur François Ier a la réputation jusqu'à aujourd'hui d'avoir été un des plus habiles et compétent adversaire de Napoléon.
Gravure anonyme, Musée d'Aspern.

Avant de voir s'affronter deux armées, la plaine d'Essling mettra en avant le combat de deux hommes, chef militaires de talent pour l'un, de génie pour l'autre. Ce sera également l'opposition de deux armées aux structures et aux chefs très différents. L'expérience d'un côté, l'enthousiasme de la revanche de l'autre.

LA CAMPAGNE DE 1809 VOIT pour la première fois s'opposer ceux que les contemporains reconnaissaient comme les plus grands chefs de guerre de l'époque : Napoléon et l'Archiduc Charles d'Autriche. En 1805, l'Archiduc Charles avait commandé la principale armée autrichienne face à Masséna sur les champs de bataille d'Italie du nord, il n'avait jamais eu en face de lui Napoléon. Et voilà que quatre après Austerlitz, Autrichiens et Français se retrouvaient à nouveau.

Deux puissances, deux volontés allaient s'affronter. Est-il utile de présenter l'Empereur ? Il possède encore le coup d'œil militaire, l'incroyable force de travail, la volonté inébranlable et le charisme qui commenceront à lui faire défaut à partir de 1812. Son entourage militaire est parfaitement rôdé, dévoué et efficace. Le maréchal Berthier mène d'une main inégalée le Grand État-Major et tous les services de la Grande Armée. Les maréchaux dispersés aux quatre coins de l'Europe manquent cependant à la nouvelle Armée d'Allemagne. Il y a cependant Lannes, Masséna, Davout accompagnés de leurs fidèles et redoutables divisionnaires : Boudet, Molitor, Carra Saint Cyr, Saint Hilaire, etc. La garde Impériale est en route et vient à marche forcée d'Espagne, elle ne sera au complet qu'à Wagram. Aux côtés des « *vieilles moustaches* », grenadiers et chasseurs à pied, combattent pour la première fois les Tirailleurs (levés en mars 1809) et les Fusiliers. Cependant, cette armée n'est plus celle de 1805. Les vétérans sont morts dans les plaines de Prusse ou de Pologne, ou bien ils forment les cadres de l'armée d'Espagne mais de ce fait, ils manquent cruellement dans les bataillons de l'armée d'Allemagne. La réorganisation de 1808 a transformé les anciens bataillons à neuf compagnies en bataillons à six compagnies (quatre de fusiliers, une de grenadiers, une de voltigeurs), le surplus d'hommes dégagé a permis de créer un troisième bataillon

de guerre voire les cadres d'un quatrième. De ces changements provient la première erreur d'appréciation commise par les historiens du XIXe siècle et reprise sans analyse critique depuis. Le IIe corps de Lannes, avec les deux divisions Tharreau et Claparède sous le commandement d'Oudinot, est réputé un corps d'élite, c'est le fameux corps des grenadiers d'Oudinot. Or, si il est vrai que lors des campagnes précédentes en Pologne, ce corps regroupait uniquement des compagnies d'élite détachées, en 1809, il est formé des quatrième bataillons dans lesquels des conscrits n'ayant jamais vu le feu forment les deux tiers des soldats présents.

Ces unités ont beau s'appeler « demi-brigades d'élite », il est vain de voir en celles-ci des unités aux capacités tactiques et aux ressources morales supérieures à celles des régiments d'infanterie des autres corps. Les vieux soldats d'Oudinot ne sont pas là, ils forment les gros bataillons des renforts attribués à la Garde après les pertes des campagnes de 1806 et 1807. Les conséquences de cette situation se feront sentir sur les champs de bataille, en limitant la réactivité et la manœuvrabilité des troupes d'Oudinot sous le feu. Les bataillons manœuvreront plus lentement et plus maladroitement que leurs anciens, cela impliquera une certaine rigidité tactique dans l'emploi des colonnes d'attaque et ainsi une plus grande vulnérabilité aux feux de l'artillerie. Mais si les unités ne sont plus aussi manœuvrantes, il n'en est pas moins vrai que les hommes ont su reprendre l'esprit de leurs prédécesseurs, Lejeune les décrit le 22 mai : *« les jeunes recrues des grenadiers d'Oudinot, beaucoup sans poils au menton, chargèrent et repoussèrent une fois de plus ces grenadiers hongrois vétérans, dont les moustaches empesées de cire, aux bouts remontées en crocs parfois comme des cornes, leur donnaient une apparence redoutable. »*

UNE MAGNIFIQUE CAVALERIE FRANÇAISE

La cavalerie française reste un outil formidable et puissant dans les mains des plus habiles généraux. Venant d'Espagne et encore en route, celle de la garde est commandée par Bessières, et seuls les escadrons de service (voir ordre de bataille) seront présents pour la première partie de la campagne. Malgré le respect que lui montrent tous ses hommes, il ne possède pas le charisme d'un Murat. En plus de celle de la Garde il commande aussi en chef les corps de cavalerie lorsque ceux-ci se retrouvent réunis sur un champ de bataille. Servent sous ses ordres les meilleurs divisionnaires : Nansouty, Espagne, saint Sulpice, Arrighi pour les divisions de cuirassiers. La cavalerie légère est constituée de nombreux régiments de chasseurs à cheval, aux uniformes moins rutilants que ceux des hussards, au prestige moins grand aussi, mais ils sont galvanisés par des généraux de légende : Lasalle (qui rejoint l'armée quelques jours avant la bataille),

A gauche.
Contrairement à leurs aînés, la Jeune Garde combat et se couvre de gloire lors de la reprise d'Essling.
Gravure de J. Girbal, collection particulière.

A droite.
Essling est l'une des rares batailles où la Vieille Garde a réellement donné. C'est surtout par son stoïcisme et son inébranlable courage qu'elle s'est illustrée. Cependant Coignet, dans ses cahiers, avoue ne pas avoir tiré un coup de fusil au cours des deux journées des combats.
Gravure de Bellangé, collection de l'auteur.

De gauche à droite et de haut en bas.

Lannes, de retour d'Espagne, est le maréchal le plus proche de l'Empereur, il est en effet le seul à le tutoyer. Il n'en n'est pas moins l'un des plus compétent. Marbot, dans ses mémoires, en présente un portrait attachant mais partial.

Le Maréchal Masséna. Celui que l'on appelle « l'Enfant chéri de la Victoire » va se couvrir de gloire à Aspern, et sera fait Prince… d'Essling! Il est un excellent tacticien mais également un piètre camarade et un stratège moyen.

Le général Oudinot, en sous-ordres de Lannes, le remplacera le 22 mai suite à la blessure mortelle du maréchal. Il sera récompensé par son bâton de maréchal.

Nansouty (1768-1815). A Essling, il commande la 1re division de cuirassiers de l'armée d'Allemagne. *DR*

Le maréchal Bessières commande en chef la cavalerie présente sur le champ de bataille et chargera de nombreuses fois. *DR*

Antoine Charles Louis Lasalle (1775-1809). Malgré ses talents, ses chasseurs à cheval ne peuvent éclairer efficacement l'armée française dans le Marchfeld, surclassés par les hussards ennemis.
Gravures Victoires et Conquêtes, collection de l'auteur sauf mentions.

Montbrun ou Pajol. L'artillerie est en pleine réorganisation autour de nouvelles pièces de 6 livres, qui ne feront pas l'unanimité. Mais c'est pendant cette campagne de 1809, que les armes savantes du génie et des pontonniers se distingueront particulièrement.

Aux côtés de l'armée française on trouve de nombreuses troupes de Princes allemands appartenant à la Confédération du Rhin, Hessois, et Badois chez Masséna, Dragons badois, chevau-légers Hessois et Wurtembergeois chez Marulaz. Ces troupes gagneront l'estime des généraux français.

CHARLES DE HABSBOURG, UN GÉNÉRAL EXPÉRIMENTÉ

L'Archiduc Charles (1771-1847) n'est pas n'importe quel adversaire pour Napoléon. Ce frère de l'empereur François II, n'est pas apprécié par la noblesse militaire, il est vu comme un « radical » qui rejette les principes du temps de Marie Thérèse. Il a pourtant reçu une éducation militaire traditionnelle et participa en sous-ordres aux batailles de Jemmapes, Neerwinden, Wattignies et Fleurus pendant les guerres de la révolution. Feld-maréchal en 1796, il dirige l'armée du Rhin contre Jourdan et Moreau et remporte les batailles de Rastadt, Amberg, Würzburg, Biberach et Stockach mais est battu par Masséna à Zürich en 1799. Gouverneur de bohème, puis ministre de la guerre en 1805, comme président du conseil de Guerre à la cour, il s'opposa à la guerre contre la France, connaissant toutes les faiblesses de l'armée autrichienne. On lui confia néanmoins, avec l'armée principale, la responsabilité du front en Italie. Son nom n'est donc pas associé au désastre d'Austerlitz. Il est chargé de la réforme de l'armée dès 1806 en tant que « Generalissimus » et c'est à lui que l'on doit la renaissance de l'armée autrichienne.

Charles se distingue des autres généraux autrichiens par deux traits : un courage personnel qui est au-dessus de tout soupçon, il le montrera lors des deux journées d'Essling en étant le seul général autrichien guidant ses troupes devant les régiments, de plus, il a depuis de nombreuses années, étudié avec soin les armées françaises, leur organisation et leur tactique. De ce fait, c'est un tacticien très habile, mais peu amène, sévère, mal aimé et qui se heurte au conservatisme du corps des officiers. Ses réformes ne survivront pas à son commandement même et surtout si elles montrèrent leur valeur. Il se retire en effet définitivement après 1809. Pourtant ses idées novatrices furent efficaces.

LA LENTE RÉORGANISATION D'UNE VIEILLE DAME

l'armée est réorganisée en brigades, divisions et corps qui sont autant d'armées miniatures regroupant les trois armes. Il interdit malgré les réticences la détestable habitude de créer des colonnes au jour le jour en campagne, ce qui faisait que les généraux ne connaissaient pas les unités qui leur étaient confiées. Austerlitz en était la plus parfaite illustration par le désordre des colonnes où Russes et Autrichiens se mélangèrent. Il crée une réserve permanente autour des divisions de cuirassiers et de grenadiers, ces troupes d'élite devant intervenir en masse uniquement sur ordre du général en chef. Bien que préférant le déploiement en ligne de l'infanterie, il se résigne à proposer une simplification des manœuvres de régiments et de bataillons en « inventant » le bataillon-masse et la division-masse (cf. infographie N° 1). Ces deux formations pouvant tout aussi bien faire face à de l'infanterie ou de la cavalerie. Jomini, ce général médiocre mais à la plume acérée, lui reprochera de lui avoir volé ses idées : *« La colonne sur quatre sections de trois rangs formant une espèce de carré plein, vaudrait mieux contre la cavalerie. l'Archiduc Charles se trouva bien à Essling d'avoir adopté ce dernier ordre que je proposai dans mon chapitre des principes généraux de la guerre publiés en*

1807, la brave cavalerie de Bessières ne put rien contre ces petites masses. M. de Wagner semble mettre en doute que j'aie contribué à faire adopter cette formation, SAR l'Archiduc Charles me l'a cependant assuré d'elle-même en 1814. » [5] En janvier 1806 puis mars 1807, de nouveaux règlements pour l'infanterie et la cavalerie furent adoptés en remplacement de ceux de 1769 qui semblaient avoir fait leur temps. Les nouvelles formations de manœuvre et de combat furent d'abord étudiées par les majors puis transmises aux régiments qui s'y entraînèrent avec plus ou moins de bonne volonté. Mais sans jamais abandonner les anciennes formations, on peut ainsi expliquer les errements tactiques de Hiller devant Aspern le 22 mai.

On engagea cependant les bataillons de chasseurs à combattre prioritairement en tirailleurs et cela avec un certain succès : *« A Essling et à Wagram, l'archiduc Charles nous opposa notre propre tactique ; des bandes de tirailleurs déployés devant des lignes de bataillons en colonne, qui se formaient en carrés dès qu'ils étaient exposés aux attaques de la cavalerie française. »* [6] Dans le cadre de sa réflexion, il ajouta en 1808 à l'armée autrichienne, mais avec de nombreuses réticences (un peuple en arme est un peuple dangereux ! Disait-il) l'embryon d'une garde nationale, la landwehr. Celle-ci se révéla fort utile en 1809, dans la mesure où ces troupes ne dépendaient pas du budget impérial mais s'appuyaient sur la bonne volonté des provinces et des villes. Certaines unités étaient des corps autonomes financièrement constitués de volontaires les freikorps.

L'Archiduc Charles déchantera quand même lorsque sur les 12 000 miliciens levés en Haute Autriche, près des deux tiers déserteront avant le moindre combat. La landwehr sera finalement supprimée en octobre 1809.

Les compagnies de grenadiers sont détachées de leurs régiments d'origine pour former des bataillons composites regroupés pour la première fois dans une réserve aux ordres du commandement en chef. (voir annexes).
Aquarelle d'Hollitzer, DR.

UNE ARMÉE SOLIDE, UN COMMANDEMENT MÉDIOCRE

L'infanterie autrichienne présentait un nombre important de régiments : 61 régiments de ligne (46 Allemands, 15 Hongrois), 17 d'infanterie des frontières (Grenz), 9 bataillons de chasseurs auxquels s'ajoutèrent : 70 bataillons de landwehr (sur les 150 prévus à mobiliser), une trentaine de corps francs (d'une compagnie à plusieurs bataillons par unité) et une vingtaine de bataillons d'Insurrection hongroise (milices plus ou moins volontaires de paysans hongrois). Les régiments d'infanterie de ligne sont à 3 bataillons divisés en 3 « divisions » de 2 compagnies chacune. Le nombre d'hommes par compagnie varie fortement entre les régiments dits allemands avec un effectif théorique de 3 999 hommes grenadiers exclus et 4 359 soldats pour un régiment hongrois.

Chaque régiment comprend une division de 2 compagnies de grenadiers. En temps de guerre, les « divisions » de grenadiers de trois régiments sont regroupées, formant ainsi un bataillon d'élite qui prend place dans la réserve. Dans cette masse d'infanterie, quelques unités se distinguent par leur qualité : le régiment d'infanterie N° 4, Deutschmeister, dont tous les officiers et par-

Les cuirassiers sont les cavaliers français les plus représenté à Essling, ils y subiront de très lourdes pertes.
Gravure de Bellangé, collection de l'auteur.

5. in Jomini : *Précis de l'art de la guerre, chapitre VII, article 44*, Éditions Champs Libre, paris 1977.
6. In Thoumas Charles : *le livre des vertus guerrières*, Berger Levrault, paris 1891.

Ci-dessus.
Officier d'infanterie et général autrichien. L'infanterie autrichienne est en pleine réorganisation, ce qui explique le côtoiement de fantassins coiffé de casque et d'autres de shako comme cet officier d'un régiment d'élite, le numéro 4, Deutchmeister, dont certains éléments sont issus de l'ordre des Chevaliers Teutonique.
DR.

Ci-contre, à gauche.
L'infanterie autrichienne va gagner à Aspern le respect des Français et de leur Empereur qui jusqu'alors les avaient régulièrement battus.
Composition d'Ottenfeld, DR.

LES DÉPLOIEMENTS DE L'INFANTERIE AUTRICHIENNE

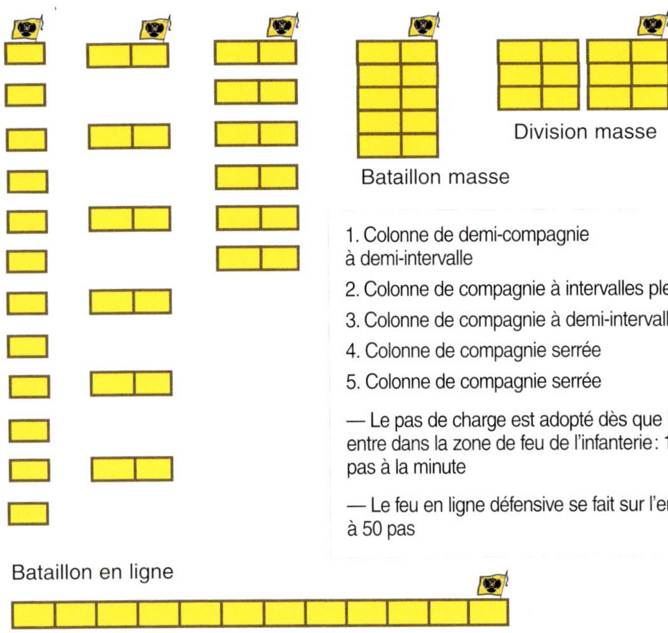

1. Colonne de demi-compagnie à demi-intervalle
2. Colonne de compagnie à intervalles pleins
3. Colonne de compagnie à demi-intervalles
4. Colonne de compagnie serrée
5. Colonne de compagnie serrée

— Le pas de charge est adopté dès que l'unité entre dans la zone de feu de l'infanterie : 120 pas à la minute

— Le feu en ligne défensive se fait sur l'ennemi à 50 pas

fois les simples soldats sont réputés appartenir à l'ordre des chevaliers Teutoniques, mais aussi les régiments N° 1, de l'Empereur, N° 11 Erzherzog Rainer, N° 3 Erzherzog Karl (appartenant comme son nom l'indique à l'Archiduc Charles). Ces unités vont faire preuve d'une grande efficacité tactique ainsi que d'un courage qui fera l'admiration des Français.

La cavalerie est l'arme « forte » de la monarchie des Habsbourg, forte numériquement, forte de traditions et de victoires : 35 régiments dont 8 de cuirassiers, 6 de dragons, 6 de chevau-légers, 12 de hussards et 3 de Uhlans. Chaque régiment de cavalerie lourde est divisé en trois divisions de 2 escadrons, la cavalerie légère comprend 4 divisions faisant un total de 8 escadrons. Dans chacun des escadrons de cavalerie, 16 hommes étaient armés, en plus des deux pistolets et de la lourde épée, de carabine ou de mousquetons, leur rôle étant de flanquer en fourrageurs tous les mouvements de l'escadron. La taille de chaque régiment donnait un, total allant de 900 cavaliers à plus de 1 300. Si cette cavalerie brillait dans la « petite guerre » (la soirée du 20 mai le montrera face à Lasalle), elle se retrouvait souvent mal employée sur un champ de bataille rangée, masse trop lourde aux mains d'officiers sans panache ou aux compétences insuffisantes. Les unités mises à disposition des corps furent employées médiocrement, à contretemps ou dans de situations désespérées pour couvrir l'infanterie en déroute.

L'artillerie vient de bénéficier depuis 1807 d'une réorganisation importante, supervisée par l'Archiduc Charles. Elle est désormais composée de deux corps : l'artillerie de brigade et l'artillerie de réserve. L'artillerie de brigade est distribuée, comme son nom l'indique, dans les brigades d'infanterie ou de cavalerie. Chaque brigade d'infanterie est soutenue par une batterie de 3 livres ou 6 livres. Chaque division d'infanterie reçoit en plus une batterie de 6 livres.

Chaque batterie est composée de 8 pièces. La nouveauté pour la campagne de 1809 provient de la création du corps des *Artillerie – Handlanger*, chargés de remplacer les troupes d'infanterie chargées du service non technique des pièces lors des combats : l'artilleur est un spécialiste formé au service des pièces mais tous les travaux de force (préparation des emplacements, déplacement des pièces à la bricole, transport des boulets) étaient laissés à des soldats, plus ou moins volontaires empruntés aux unités d'infanterie présentes. Ces derniers, ne connaissant pas le service d'artillerie représentaient plus souvent une gène qu'un apport efficace. Les 8 compagnies de Handlanger, devenant 8 bataillons à la mobilisation, permirent de pallier aux faiblesses de ce système peu coûteux mais aussi peu efficace. Chaque compagnie est constituée de 180 hommes qui peuvent servir trois batteries.

L'Archiduc Charles réorganise aussi l'artillerie de réserve en unités de « soutien » et de « position », chaque batterie de réserve est laissée au niveau du corps ou de la colonne, sous le commandement du chef de corps d'artillerie. On voit aussi utiliser pour la première fois, l'utilisation systématique de « grandes batteries » en 1809. On estime que le 22 mai au soir plus de 100 pièces (Lejeune en annonce 200 dans ses mémoires) concentrent leur feu sur le centre français (moins de 2 km), soit une pièce pour 20 m de front.

Si cette nouvelle armée semble représenter une force puissante et organisée, son point faible reste le conservatisme et la rétivité du corps des officiers généraux face aux nouveautés. La nouvelle organisation, telle qu'elle apparaît dans le décret du 19 août 1808 mit en place une structure inconnue jusqu'alors, celle des commandements de corps ainsi que de leurs états-majors. Chaque commandant de corps avait donc à sa disposition un petit état-major, composé d'officiers supérieurs de chaque arme. Parmi ceux-ci se distinguait le « generalstabschef » (chef d'état-major) chargé de rédiger les ordres pour les unités en traduisant les ordres généraux. Mais n'est pas Berthier qui veut, et cet échelon fut largement défaillant lors de la campagne de 1809. Les premiers combats de la campagne montrèrent l'état d'impréparation des états-majors autrichiens. Devant Aspern et Essling, les errements de ces états-majors apportèrent confusion et lenteur dans les mouvements des colonnes. L'Archiduc Charles opposait aux résistances des officiers supérieurs la bonne volonté des officiers subalternes, il écrivit : « *Le meilleur esprit possible régnait parmi les troupes. Elles étaient obéissantes, disciplinées et plus manœuvrantes qu'avant… mais toute cette efficacité était limitée à la qualité du commandement des régiments.* » On notera que le point faible du corps des officiers résidait dans l'échec des tentatives d'amélioration du recrutement du corps, largement du fait du système des « Inhabers »

VOLONTAIRES DE VIENNE **Embryon de garde nationale, la Landwehr combat aux côtés de l'armée régulière, accompagnée également d'unités de *Freiwillige* tels les volontaires de Vienne. Ici représentés à droite, les fantassins d'insurrection hongroise ne participent pas à la bataille.** *Composition d'Ottenfeld, DR.*

COMPARAISON DES TEMPS DE DÉPLOIEMENT DE L'INFANTERIE

(d'après Nafziger)

	Colonne à ligne	Colonne à carré	Colonne à bataillon masse	Ligne à colonne	Ligne à carré
France	1,5 mn	0,5 mn	néant	1,5 mn	1,6 mn
Autriche	1,5 mn	1 mn	0,5 mn	1,7 mn	1,2 mn

INFANTERIE ALLEMANDE et HONGROISE 1806 L'infanterie de l'Archiduc Charles est composée essentiellement de soldats provenant des provinces de langue allemande (pantalon blanc) et hongroise (pantalon bleu). *Composition d'Ottenfeld, DR.*

(colonels propriétaires) qui souffrait d'un très important népotisme. De plus, l'achat des grades restait autorisé, ce qui fait que les talents étaient négligés et les médiocres, mais riches, promus. Les simples soldats reçurent des marques de respect de Charles, il fit diffuser auprès des généraux un texte annexe aux règlements dans lequel il insistait sur les qualités demandées aux soldats : *« l'amour de son monarque, une vie honnête… de l'obéissance, de la loyauté, de la résolution voilà les vertus guerrières. En un mot, un soldat doit se comporter comme un noble »*.

OUVERTURE DE LA CAMPAGNE

A la fin de 1808, l'Autriche se laissa finalement entraîner dans l'alliance anglaise contre Napoléon dans une 5e coalition. Ce dernier est en Espagne et vient d'en chasser les Anglais après avoir éliminé les armées espagnoles. Au printemps 1809, il réunit 200 000 hommes face auxquels l'Autriche aligne une armée sensiblement de même taille.

Napoléon compte répéter l'opération de 1805 et marcher sur Vienne par la rive sud du Danube, couvert par les Alpes sur sa droite et pouvant entrer en liaison avec l'armée d'Italie du prince Eugène. Mais pour éviter de précipiter l'ouverture du conflit, sa présence prématurée en Allemagne pouvant être ressentie comme un *casus belli,* il reste à Paris en confiant au maréchal Berthier le commandement opérationnel. De son côté l'archiduc Charles choisit de lancer une attaque surprise sur la Bavière en partant de Bohême.

Son idée maîtresse s'appuyait sur la promesse d'un débarquement anglais en Hollande et d'une probable intervention des Russes voire des Prussiens. Ce plan ambitieux, prévoyait également d'appuyer une révolte du Tyrol contre l'occupation bavaroise. Une opération secondaire était confiée à l'Archiduc Jean en Italie. Mais devant la réticence puis la déclaration de neutralité des Prussiens, l'Archiduc Charles changea son axe de marche, pour une offensive en Bavière par la rive sud du Danube. Les premiers mouvements eurent lieu le 10 avril. Ce changement en cours d'opérations ralentit fortement le déploiement des six corps d'armée concernés et laissa du temps aux Français pour faire face. En désaccord avec son chef d'État-major, le général Mayer, qui pointait du doigt les inconvénients liés à ces changements, l'Archiduc Charles le limogea et l'envoya dans une ville frontière face aux Turcs.

Si tout semblait flou chez les Autrichiens, les Français connaissaient

aussi des difficultés. Pour avoir interprété au pied de la lettre les instructions de Napoléon, Berthier laissa Davout isolé, dans une situation délicate devant Ratisbonne. Arrivé le 17 avril, l'Empereur parvient à regrouper la Grande Armée après les combats de Tengen (19 avril) et de Pfaffenhofen (19 avril), puis ordonne à Masséna de se porter sur Landshut pour contourner les Autrichiens par le sud et couper leurs lignes de communications. Masséna remporte un combat sur l'aile gauche ennemie à Abensberg (20 avril). Mais l'armée principale ennemie est loin d'être en déroute.

Le 22 avril, l'arrière-garde autrichienne se sacrifie devant Davout à Eckmühl pour permettre au gros de l'armée de se replier au nord du Danube. Charles couvrit sa retraite en faisant défendre la ville de Ratisbonne devant laquelle Napoléon est blessé le 23 avril. C'est donc avec une armée autrichienne encore en état de combattre et qui le suit sur la rive gauche du Danube, que l'Empereur marche rapidement sur Vienne par la rive droite. Inexplicablement, Napoléon ne semble pas au courant de la situation de l'armée autrichienne. La défaillance de sa cavalerie légère est grande, contrée qu'elle est par l'habilité supérieure de la cavalerie autrichienne dans les petites affaires de postes.

L'Archiduc Charles regroupe ainsi ses forces pour protéger Vienne mais sur la rive gauche en essayant de devancer les Français. Toutefois, ceux-ci sont les plus rapides et après une résistance symbolique, Vienne se rend. Napoléon fit son entrée dans la ville le 13 mai et y trouva les ponts détruits.

Ci-dessus, de gauche à droite. ***Dans sa réorganisation de l'armée, l'Archiduc Charles s'est efforcé de créer un corps d'état-major efficace. Parmi ces officiers, sont ici représentés : un Feldmarschal lieutenant, un officier d'état-major d'artillerie et un d'infanterie de ligne*** *Gravures anonymes, DR.*

Avant train et pièce de 6 de l'artillerie de la ligne française. Une arme essentielle dans la tactique napoléonienne. *(Dessin d'André Jouineau)*

LA GARDE À PIED

Fusilier-grenadier en tenue de route.

Chasseur à pied en grande tenue.

Grenadier à pied en grande tenue.

Capitaine des tirailleur-grenadiers en tenue de service. A partir de ce grade les officiers ont la tenue des grenadiers à pied de la Vieille Garde avec le shako du régiment.

Fusilier-chasseur en grande tenue.

Tirailleur-chasseur en grande tenue.

(Infographie André Jouineau © Histoire & Collections 2007)

LA GARDE À CHEVAL

Chasseur à cheval en tenue de campagne. Bien qu'il fasse usage d'un habit-frac vert, le chasseur est aussi en tenue de campagne avec le dolman qui doit être celui de seconde tenue. Le colback est dépourvu de ses agréments et la sabretache brodée protégée à l'intérieur d'un étui de cuir.

Sous-officier des gendarmes d'élite en petite tenue. Le maréchal des logis, outre son galon de grade, arbore une aiguillette mélangée de bleu et de fil d'argent.

Officier des dragons de la garde en petite tenue. Il porte un surtout boutonnant droit devant avec les épaulettes de son grade. La selle et les chaperons de fonte sont en drap vert orné d'un galon en poil de chèvre de la même couleur.

Trompette des grenadiers à cheval de la garde en petite tenue. Comme le confirme Lucien Rousselot, le bonnet à poil des trompettes est bien en poil d'ours noir. Jusque vers 1811, les grenadiers comme les dragons font usage d'un surtout en tenue de campagne.

LA DIVISION OUDINOT

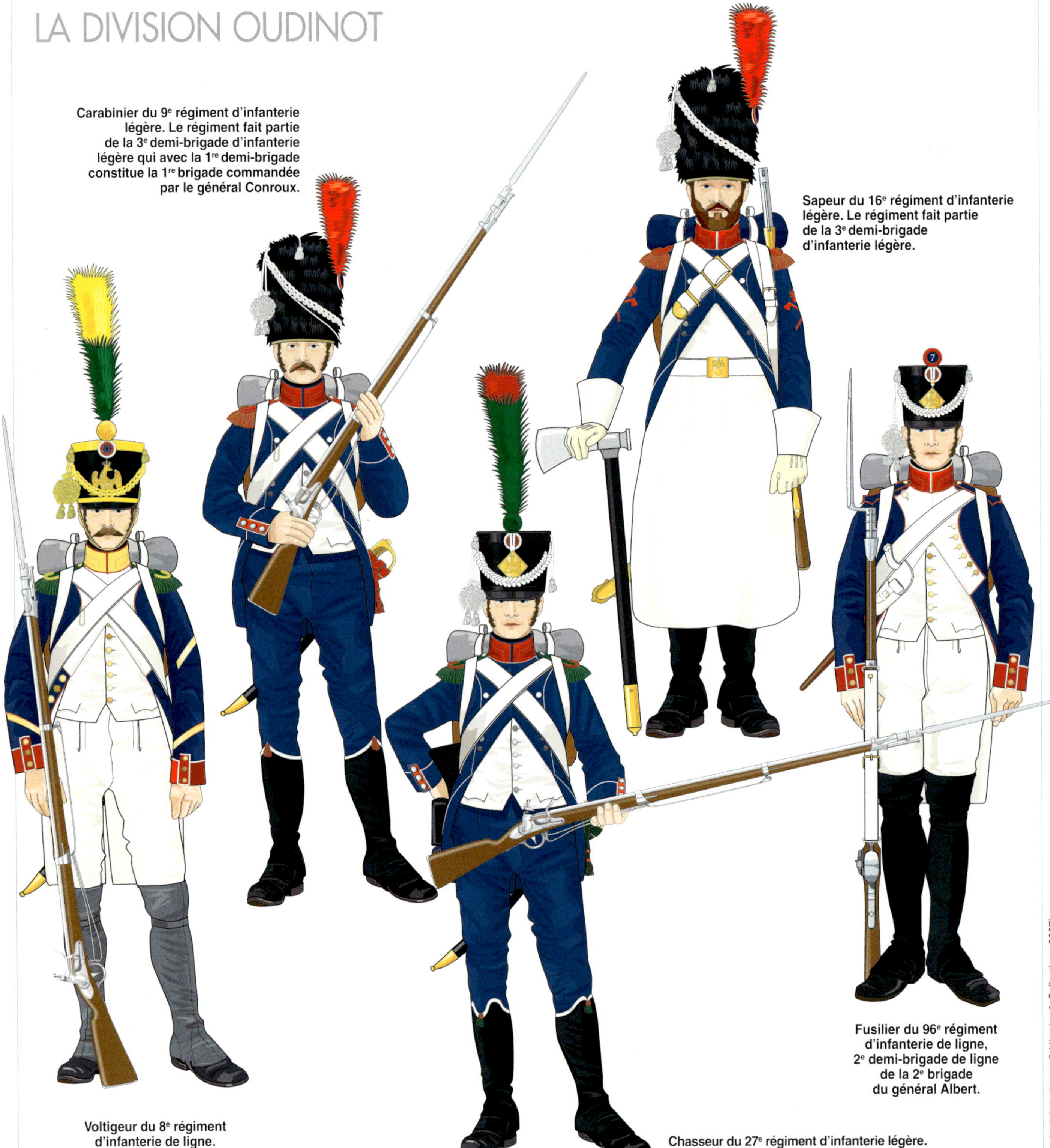

Carabinier du 9e régiment d'infanterie légère. Le régiment fait partie de la 3e demi-brigade d'infanterie légère qui avec la 1re demi-brigade constitue la 1re brigade commandée par le général Conroux.

Sapeur du 16e régiment d'infanterie légère. Le régiment fait partie de la 3e demi-brigade d'infanterie légère.

Fusilier du 96e régiment d'infanterie de ligne, 2e demi-brigade de ligne de la 2e brigade du général Albert.

Voltigeur du 8e régiment d'infanterie de ligne. 1re demi-brigade de ligne de la 2e brigade du général Albert.

Chasseur du 27e régiment d'infanterie légère. Le régiment fait partie de la 3e demi-brigade d'infanterie légère.

(Infographie André Jouineau © Histoire & Collections 2007)

LE 4e CORPS DE MASSÉNA

Caporal Voltigeur
du 4e régiment d'infanterie
de ligne. 1re division, 2e brigade.

Caporal de Grenadier
du 18e régiment d'infanterie
de ligne, 1re division
1re brigade.

Fusilier du 67e régiment
d'infanterie de ligne.
3e division, 2e brigade.

Leib-garde de Hesse-darmstadt.
Les bataillons des Leib-Garde
et leib-fusiliers sont
dans 3e Brigade hessoise
au sein de la 1re division.

Caporal de l'artillerie
à pied de la ligne.
Pour le 2e corps,
il y a 2 compagnies
du 5e régiment d'artillerie
à pied et pour le 4e corps
une compagnie
du 1er régiment avec
de l'artillerie badoise.

LA DIVISION DE CAVALERIE LÉGÈRE

Dragon léger Badois.
Ce régiment est fort
de 4 escadrons

Chasseurs de la compagnie
d'élite du 14e régiment
de chasseurs à cheval.

Brigadier du 3e régiment de Chasseurs à cheval
en tenue de campagne. En principe, les chasseurs
portent l'habit à la kinski. Toutefois, cette disposition
n'a certainement pas été appliquée en même dans tous
les régiments de chasseurs voire à l'intérieur
d'un même régiment.

Dragon léger hessois.
Ce régiment est constitué de 3 escadrons

(Infographie André Jouineau © Histoire & Collections 2007)

LA RÉSERVE DE CAVALERIE

Brigadier du 8e cuirassiers en surtout. La cuirasse avec sa matelassure est portée par-dessus cet habit surtout.

Trompette des carabiniers

Capitaine du 1er cuirassiers en grande tenue.

Brigadier du 2e cuirassiers en grande tenue. Chez les cuirassiers, il n'y a pas de compagnie d'élite dans la mesure où le régiment est, dans son ensemble, considéré d'élite. Par conséquent tous les cavaliers portent les épaulettes à franges rouges. On retrouve cette même particularité chez les carabiniers.

FORCER LE DANUBE, DU 13 AU 20 MAI

Entre les deux armées, coule le Danube. Ce large fleuve impose à Napoléon un exercice périlleux : sa traversée face à un ennemi prêt à en découdre et qui l'attend de pied ferme. Ici, pas de savantes combinaisons, mais un passage sur un seul point est décidé. La force va primer sur la manœuvre.

Cette carte du lit majeur du Danube illustre à la perfection les difficultés rencontrées par les Français pour un passage sur la rive gauche, mais également la possibilité offerte par l'abondante végétation de masquer les mouvements. *Collection de l'Auteur.*

EN 1809, LES AUTRICHIENS avaient retenu la leçon d'audace donnée par Murat et Lannes en 1805, qui s'étaient emparés d'un pont sur le fleuve autant par la ruse que par la force.

Tous les ponts avaient été brûlés, les embarcations redistribuées sur la rive gauche du fleuve, un cordon de troupes surveillant tous les passages. Napoléon se trouvait donc devant une opération classique de l'Art militaire, classique mais difficile, le passage en force d'une rivière devant l'ennemi. Les reconnaissances effectuées par Marulaz et Pajol, mais aussi par des officiers du génie n'étaient guère encourageantes. Le printemps avait été doux et pluvieux, les neiges des Alpes fondaient et grossissaient les ruisseaux, les torrents, les rivières qui finissaient toutes dans le bassin versant du Danube. Ce fleuve devant Vienne, débouchant dans sa plaine alluviale, présentait un cours sinueux, fait de méandres et de bras morts, au milieu duquel des dizaines d'îles de tailles et formes variées offraient autant de points de passage ou d'ancrage pour un pont provisoire. Mais aucune solution ne semblait parfaite : « *Les officiers du génie avaient reconnu le Danube depuis Klosterneubourg, point où ce fleuve sort des montagnes pour s'épancher dans la magnifique plaine de Vienne, jusqu'aux environs de Presbourg. Ils avaient constaté une grande diversité dans les difficultés du passage. Devant Vienne et un peu au-dessous le Danube s'étendait, se divisait en une multitude de bras, devenait dès lors plus large, mais moins rapide et moins profond. Plus bas qu'Ebersdorf, en approchant de Presbourg, il s'encaissait de nouveau, devenait moins lar-*

ge, moins coupé, mais plus profond et plus rapide, et bordé de rives escarpées, ce qui était un sérieux inconvénient pour l'établissement des ponts. » [7] La largeur du lit majeur du fleuve, bras et îles comprises est de l'ordre de 2 km.

DES CHOIX STRATÉGIQUES

Ce que Napoléon recherche, c'est une victoire décisive sur l'Archiduc Charles. Cette victoire doit se produire avant que les troupes de l'Archiduc Jean, qui combattaient face au prince Eugène en Italie, et celles de Charles, ne puissent faire leur jonction. Il faut donc déboucher entre les deux archiducs à la recherche d'une position centrale, éliminant Charles, puis Jean entre l'Armée d'Allemagne et celle d'Italie. Ce plan audacieux, nécessitait une action énergique surprenant un ennemi en position d'attente.

L'Archiduc Charles, de son côté, est astucieusement positionné sur la rive gauche. Son armée est étendue perpendiculairement au cours du fleuve, ancrée sur les hauteurs du Bisamberg. Depuis le 16 mai, ses troupes enfin concentrées comptent près de 100000 hommes. L'armée autrichienne est déployée sur deux lignes : derrière Gerarsdorf, entre le Bisamberg et le ruisseau du Russbach. L'aile droite (Hiller) est près de Stammersdorf, le centre est tenu par Hohenzollern et Bellegarde, la gauche par Rosenberg, la réserve de cavalerie et de grenadiers sous Liechtenstein est positionnée derrière le centre entre Rosenberg et Hiller. Charles a devant lui, l'immensité du Marchfeld et possède un triple avantage sur Napoléon : une vision parfaite sur le déploiement des Français depuis le Bisamberg, une connaissance absolue du Marchfeld, terrain de manœuvre habituel des Autrichiens en temps de paix et une indéniable supériorité numérique.

Napoléon, hésitant entre divers points de passage de Krems à Presbourg, a dispersé ses corps sur plus de 100 km. Parmi une dizaine de possibilités de passage, deux attirent l'attention de Napoléon : Nußdorf au nord de Vienne, ou Ebersdorf au sud de la ville.

PREMIÈRE TENTATIVE

Pour ne rien faciliter, des rivalités apparaissent alors entre les officiers des armes savantes, principaux conseillers de Napoléon. Le général Songis (artillerie) est favorable à un passage à Nußdorf alors que le général Bertrand (génie) est plus circonspect sur ce choix. Le 13 mai, sans attendre, une première tentative de passage est entreprise, à hauteur de Nußdorf à l'ouest de Vienne. C'est le IIe corps de Lannes qui est chargé de l'affaire, avec la division Saint-Hilaire. Ce dernier ordonne, à 2 heures de l'après midi, à trois compagnies de voltigeurs (72e et 105e de ligne), de se porter dans l'île de Schwarzelackenau de manière à protéger, de la rive gauche, la construction d'un pont. Le débarquement réussi, quatre cents hommes prennent possession des bois qui recouvrent la petite île. Mais les Français ignorent que cette île, qui semblait isolée, est reliée à la rive gauche du fleuve par une passerelle qui permet aux Autrichiens de renforcer les défenseurs du passage. Comme les Autrichiens offrent une trop grande résistance, malgré le soutien de l'artillerie française, six autres compagnies sont envoyées en renfort. Marbot, présent sur les lieux, raconte : *« Le général Saint-Hilaire forma ce détachement en prenant des soldats de deux régiments, et en les plaçant sous les ordres de deux colonels, ce qui n'était pas propice à une action coordonnée »* Les Autrichiens renforcent leurs troupes de deux compagnies de fantassins. Cette contre-attaque, menée au chant du *« Gott erzählht der Kaise Franz »* par le régiment Kerpern N° 49, est un succès : les Français reculent. L'affaire mal engagée pour les voltigeurs, ne se termine pas là. Les Français sont bientôt pris à revers grâce à une audacieuse manœuvre du commandant O'Brien qui s'empare des soldats en charge de garder les barques de repli. Toute résistance devient bientôt impossible. A 8 heures du soir les Français rendent les armes, 600 Français et 300 Autrichiens sont hors de combat. Napoléon est le témoin désabusé de cette opération manquée. Marbot conclut : *« L'Empe-*

De gauche à droite et de haut en bas.
Claude Pierre Pajol (1772-1844) commande une brigade de cavalerie légère détachée vers la Hongrie, il doit couvrir le passage de l'armée française et la prévenir de l'arrivée éventuelle de l'Archiduc Jean.

Le F. M. Hohenzollern commande la troisième colonne, au centre du champ de bataille. L'Archiduc Charles le détourne vers Aspern afin d'appuyer les deux premières colonnes. Il ne peut pas déployer sa très nombreuse infanterie.

Le F. M. Bellegarde commande la seconde colonne autrichienne, il doit s'emparer d'Aspern en venant du nord. Son corps doit faire face à la division Molitor et aux charges de Lasalle et de Marulaz sur son flanc gauche. C'est alors que l'on vit 1500 sabres bloquer un corps de 15000 fantassins.

Le général Bertrand commande en chef le génie de l'armée d'Allemagne, a ce titre, il a en charge la construction des ponts sur le Danube. En récompense de ses services, il est fait Grand Aigle de la Légion d'Honneur.
DR.

7. In Thiers Histoire du consulat et de l'Empire, tome X.

Ci-dessus.
Le 13 mai, les voltigeurs de la division Saint-Hilaire, tentant de s'emparer de l'île de Schwarzenlackenau, rencontrent une vive résistance. Après une lutte acharnée, ils doivent se rendre, leurs embarcations ayant été prises par l'ennemi.
Huile de Neuman, DR.

Ci-contre.
Près de la moitié de la cavalerie autrichienne est composée de hussards (48 escadrons), cela explique deux points : l'incapacité des Français à s'éclairer et le manque de cavalerie de bataille pouvant faire face aux divisions de cuirassiers français.
Composition de Ottenfeld, DR.

reur et le maréchal Lannes arrivèrent sur les bords du Danube pour être témoins de cette catastrophe. Ils adressèrent de vifs reproches au général Saint-Hilaire. » Les Autrichiens, échaudés, font construire des fortifications de campagne sur les îles face à Nußdorf et renforcent leur surveillance sur cette partie du cours du fleuve. Cette affaire jette le doute dans l'esprit de l'Archiduc Charles mais lui permet d'accélérer le regroupement de ses forces le 16 mai.

L'EMPEREUR ARRÊTE SON CHOIX

Le second point de passage possible pour les Français se trouve au sud-est de Vienne, à près de 15 km de Nußdorf. Devant Ebersdorf, le cours du fleuve présente des avantages : la rive droite est couverte d'épais taillis et un bras mort du fleuve permet de préparer les pontons à l'abri du regard des vedettes autrichiennes de la rive gauche, le cours de la rivière est divisé en trois parties coupées par des îles ou des langues de terre, le courant est relativement moins fort puisque le fleuve est large, les fonds sont peu profonds. Les difficultés sont cependant importantes. Il faut d'abord regrouper les équipages de pont (dont des pontons autrichiens pris en Bavière) et les spécialistes ; pontonniers des différents corps, sapeurs du génie mais aussi marins de la Garde. Mais il faut surtout des centaines de mètres de cordages, des ancres pour arrimer les pontons sur le fond, du bois de menuiserie, des clous et de la ferronnerie, des barques pour se déplacer le long des ouvrages en construction. Or, tout ceci manque cruellement et ce n'est qu'en réquisitionnant tout ce qui peut se trouver à Vienne que l'opération peut se préparer à partir du 14 mai. Les ancres faisant défaut, ce qui n'est pas étonnant au cœur de l'Europe, on les remplace par des caisses pleines de boulets ou des vieux canons de la Renaissance pris dans l'arsenal de Vienne.

Le général Bertrand est chargé de la maîtrise d'œuvre des ponts. Le premier pont doit faire 460 m de long et enjamber un lit secondaire peu profond, suit un banc de sable, de 300 m de large sur lequel s'appuiera un second pont, de 300 m de large sur le lit principal, celui-ci débouchera sur une première île le Lobgrund, large de 600 m. Un bras secondaire de 30 m permet d'accéder à l'île de Lobau, qui dans la longueur choisie fait près de 1 500 m puis un dernier pont sur un dernier bras du Danube large de 80 m permettra enfin d'accéder à la rive gauche. C'est donc pour un ensemble de quatre ponts qu'il faut collecter les matériels et les matériaux, en prévoir l'emploi logique et surtout essayer de dissimuler à l'ennemi le lieu du passage et l'état d'avancement des travaux.

Or l'Archiduc Charles est au courant de tout. Les officiers autrichiens ont une vue imprenable sur Vienne et le Danube depuis le Bisamberg, des sentinelles et des reconnaissances sont disposées tout le long du fleuve sur près de 50 km et aucun déplacement sur le fleuve n'échappe à leur vigilance mais plus que tout, il faut bien comprendre que jamais les communications ne furent coupées avec Vienne. Des Viennois, courageux et intrépides traversèrent régulièrement le fleuve, parfois en nageant pour apporter des renseignements à leur armée. Mais malgré tous ces indices, Charles pense que la traversée à Lobau ne sera qu'une opération secondaire ou de déception. La correspondance de Napoléon semble lui donner raison : « *Schönbrunn, 17 mai 1809, Au maréchal Lannes, duc de Montebello, commandant le IIe corps de l'armée d'Allemagne, à Nussdorf. Ordonnez qu'on continue à faire à Nussdorf des démonstrations de passage, pour tenir en haleine l'ennemi.* » Le 18 mai, des compagnies de voltigeurs de la division Molitor traversent en barque les différents bras du Danube et s'emparent de l'île de Lobau après quelques coups de feu échangés avec des chasseurs autrichiens. Dès que la nouvelle fut connue sur la rive droite, les travaux de construction des ponts commencèrent à raison d'un bateau pour soutenir le tablier tous les 6 m. Les deux premiers ponts (qui mènent au Lobgrund) furent commencés simultanément à 5 heures du matin le 19 mai, ils furent finis, ainsi que la passerelle vers Lobau, en début de soirée. Le dernier pont vers la rive gauche, utilisant 15 pontons autrichiens capturés à Landshut, est construit et déployé en trois heures. Après avoir sécurisé le passage, trois divisions d'infanterie ainsi que de la cavalerie légère traversent vers Aspern et Essling.

Le point de passage entre Lobau et le Marchfeld est un angle rentrant qui permet de contrôler par des feux croisés les approches. Napoléon fait immédiatement, et avec beaucoup de prévoyance, élever par les troupes du génie un front de terre bastionné protégeant la tête de pont.

Ci-dessus.
Prise de l'île Lobau par les voltigeurs de la division Molitor qui repoussent quelques Jaeger autrichiens placés en vedettes le 18 mai.
Gravure de Philippotaux, DR.

CHARLES EST PRÊT

L'Archiduc Charles n'est pas resté inactif, dès que les voltigeurs de Molitor eurent passé le Danube, il prit des mesures pour faire reconnaître le Marchfeld entre Aspern et Enzersdorf. Les premiers combats opposèrent les cavaliers de Lasalle à des chevau-légers autrichiens, formant un rideau impénétrable. Ces derniers chassèrent les Français jusque dans l'angle rentrant vers Lobau où un feu de tirailleurs ajusté les repoussa. Les Autrichiens recherchent une bataille décisive mais hésitent et malgré les conseils du FM Hiller, l'Archiduc Charles rejette le 20 mai l'idée d'une attaque immédiate visant à empêcher les Français de déboucher de Lobau.

Cependant conscient de l'opportunité à saisir il fait publier à ses troupes l'ordre suivant : « *Demain ou le jour d'après, il y aura une grande bataille. Son résultat sera, en toute probabi-*

Ci-dessous.
Le Lieutenant Général Baron Hiller suggère vivement à l'Archiduc Charles d'attaquer sans tarder les Français dans l'île de Lobau. Le commandant en chef préfère temporiser. Hiller sera chargé de l'attaque du village d'Aspern le long du Danube.
DR

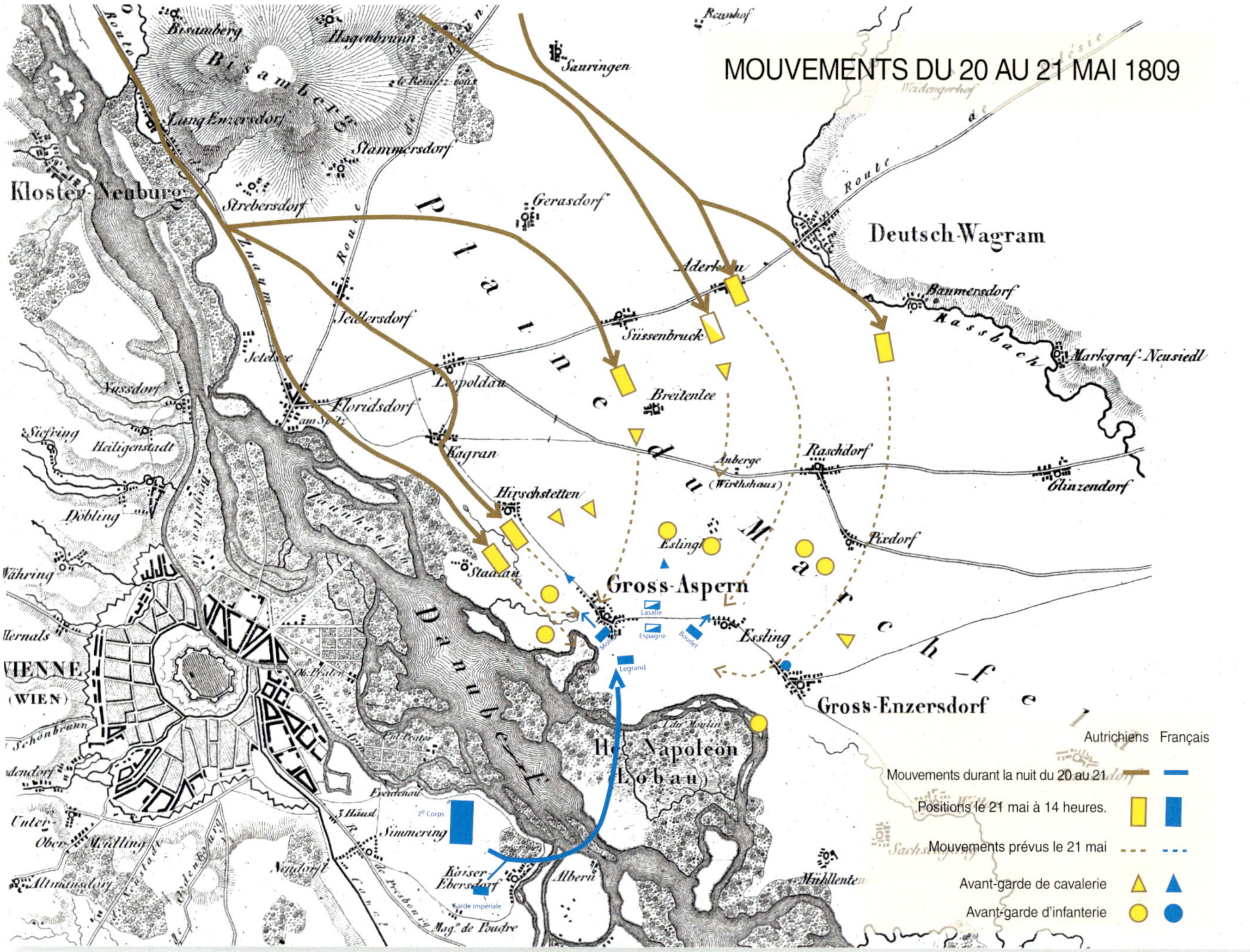

Une aigle d'infanterie du modèle 1804. Le numéro du régiment n'est ici pas visible sur le caisson.
DR

lité, décisif pour le sort de la monarchie et la liberté de chacun d'entre nous. Entre un éternel déshonneur d'un côté et une gloire immortelle de l'autre, il n'y a pas de juste milieu. Je compte sur le courage de l'armée, sur l'exemple et l'esprit d'entreprise des officiers. De grandes récompenses ou de grands malheurs suivront le résultat de la bataille.

Les commandants de corps doivent rassembler leurs généraux subordonnés, qui feront de même avec leurs états majors, afin de leur insuffler l'absolue nécessité, en ce moment de rechercher la victoire ou la mort. Mais les hommes du rang doivent aussi en être persuadés et doivent montrer leur sens de l'honneur, leur patriotisme et l'attachement à leur souverain. Celle bataille décisive se fera sous les yeux de notre Empereur et des habitants rendus esclaves de notre capitale qui attendent leur libération du courage de l'armée. »

L'INFANTERIE AUTRICHIENNE

Fusilier
du 14e régiment
von Klebek
(*régiment allemand*).
6e corps brigade
Hohenfeld.

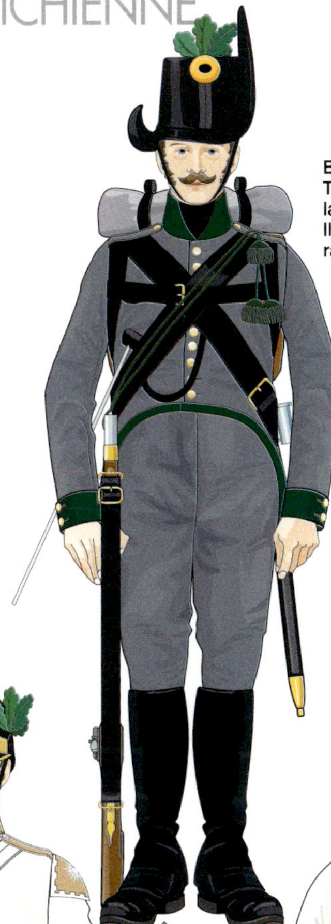

Bataillon de chasseurs autrichiens.
Tous les bataillons portent
la même tenue grise et verte.
Ils sont armés d'une carabine à canon
rayé et d'un sabre-baïonnette.

Régiment des frontières
n° 6, Saint-Georges.
Division d'avant-garde
brigade Nordmann.
Les régiments
des frontières ont
le fond de l'uniforme
brun marron et leur
manteau est rouge.

Fusilier du 51e régiment Splényi
6e corps, brigade Splényi.
Il porte le pantalon ajusté bleu
des régiments d'origine hongroise.

Tambour du 17e régiment von Reuss-Plauen
(régiment allemand). 1er corps d'armée brigade
Hennenberg.

Officier du 57e régiment joseph
prince Colloredo (*régiment allemand*).
2e corps d'armée brigade Buresch

LES VOLONTAIRES DE VIENNE

Fusilier des volontaires de Vienne. La bande sur le chapeau laisserait penser qu'il s'agit d'un sous-officier. Division d'avant-garde du 6ᵉ corps

Landwehr de Vienne (troupe de réserve). Le chapeau s'appelle en allemand « *ein korse hute* » ou, traduit littéralement, un chapeau corse. Cet effet est assez répandu dans les troupes à pied autrichiennes.

Chasseurs des volontaires de Vienne selon une gravure contemporaine.

Infanterie légère du corps de Carneville. A l'origine il s'agit d'une formation constituée de Français émigrés passé à la solde de l'Autriche puis intégrée dans l'armée impériale.

Chasseur volontaire de Vienne selon une planche de Brauer.

LES GRENADIERS RÉUNIS, L'ARTILLERIE

LA CAVALERIE LÉGÈRE

6e Hussards von Blankeinsten du corps de réserve, brigade Wartensleben.

8e Hussards von Kienmayer, du 6e corps, brigade Mesko. A noter que von Kienmayer, est le propriétaire du régiment et non le colonel commandant le dit régiment.

Ulhan de Schwartzenberg, 4e corps, Brigade Hardegg.

LES DRAGONS ET LES CHEVAU-LÉGERS

1er Dragons de l'Archiduc Jean, brigade de cavalerie du 6e corps.

5e Chevau-légers de Klenau, brigade Vecsey du 1er corps.

4e Chevau-légers de Vincent, brigade Vecsey du 1er corps. Les chevau-légers des régiments 1, 2, 4 et 7 avaient le fond de l'habit vert, les autres régiments portaient l'habit blanc.

LES CUIRASSIERS

Nous avons représenté nos cuirassiers avec une selle en peau de mouton noire au lieu de blanche comme nous l'avons fait pour le livre sur Wagram. Des représentations d'époque nous montrent des cuirassiers au début des conflits avec l'Empire français ainsi montés, et ceux de la fin des guerres napoléoniennes avec des sièges en peau de moutons blancs. Ces deux types ont peut-être coexisté, cependant nous ne sommes pas certains des dates de changements de selleries sachant que 1809-1810 est une époque charnières dans les modifications de certains effets au sein de l'armée autrichiennes.

1er cuirassier de l'Empereur,
1er corps de réserve, division Kienmayer.

2e cuirassier Franz,
1er corps de réserve,
division prince héritier
Hessen-Hombourg

6e cuirassier von Leichtenstein,
1er corps de réserve, division Kienmayer.

(Infographie André Jouineau © Histoire & Collections 2007)

TEL EST PRIS QUI CROYAIT PRENDRE...
ou la journée du 21 mai 1809

Rarement champ de bataille napoléonien aura présenté aussi peu d'étendue et d'éléments de terrain pouvant abriter des unités ou servir de point d'appui. Cette bataille se distingue aussi du fait que les combats se passeront à moins de 10 km de Vienne.

En haut.
Vue du Marchfeld depuis Essling, Aspern se trouve à un kilomètre au bout de la route à gauche.
Collection de l'auteur.

A gauche.
Vue générale de l'église d'Aspern. On remarque que c'est un bâtiment isolé, entouré de murs, et composé de plusieurs constructions. Elle est située à l'extrémité ouest du village.
Musée d'Aspern.

LES HABITANTS SERONT DONC les premiers témoins et se précipiteront, malgré les interdictions, sur les remparts et les points hauts de la ville pour apercevoir les colonnes en marche. Le célèbre jardin du Prater fait face à l'île de Lobau. Le Marchfeld s'étend depuis les légères ondulations marquant le ruisseau du Russbach devant les villages de Markgrafen Neusiedel et Deutsch Wagram sur près de 10 km, c'est une plaine dénudée, avec de rares bouquets de bois, plate aux très légères ondulations.

Plus près du fleuve, des fossés et des talus de faible hauteur couvrent tous les villages contre les débordements du Danube.

ESSLING, ASPERN, DES BASTIONS DÉFENSIFS

La position française s'appuie dès le soir du 20 mai sur trois villages. Aspern sur la gauche, Essling au centre et Enzersdorf à droite. Très vite Napoléon décidera d'abandonner Enzersdorf en n'y laissant qu'une compagnie ayant pour ordre d'abandonner le village devant des forces supérieures, ce qu'elle fit sans pertes le 21 devant les 12 000 Autrichiens de Hohenlohe. Entre les deux villages, une levée de terre, formant comme une courtine entre deux bastions, courait sur un peu plus de 1,5 km.

Ce très léger mouvement de terrain sera la base des mouvements français et en même temps leur point de ralliement. Le village d'Aspern est couvert sur sa gauche par une île marécageuse et couverte de taillis, le Gemeinde Au, séparée du Marchfeld par un ruisseau étroit mais aux rives escarpées.

Aspern est longuement décrite par de nombreux historiens : « *Aspern est un grand village de 1 500 habitants, composé de deux rues d'abord parallèles, se rapprochant ensuite sur une petite place devant l'église et liées par des rues transversales. L'église est appuyée par le presbytère, maison massive dont le jardin, attenant au cimetière, est entouré d'un mur en terre. Les maisons, bâties en maçonnerie, avec pignons sur rue, ont presque toutes deux étages, sont précédées d'une cour et ont sur leurs derrières des jardins clos de haies vives qu'on ne peut escalader.* » [8] L'église se trouve donc à l'extrémité ouest du village, isolée comme un fort détaché, elle est, de plus, entourée à quelques dizaines de pas, comme le village dans son entier par un talus de protection contre les crues. Les deux rues principales

Ci-dessus.
Le grenier d'Essling est le seul bâtiment restant, témoin de la bataille. C'est aujourd'hui un monument classé en bordure de la banlieue viennoise, faisant face à des logements sociaux.

Ci-contre.
La porte métallique du grenier d'Essling garde encore les traces des durs combats dont celui-ci fut le centre le 22 mai.

Ci-dessous.
Le grenier d'Essling, destiné au stockage des céréales, était solidement construit en briques. L'épaisseur des murs atteignait 1,35 mètre ce qui le rendait invulnérable aux boulets de l'artillerie de campagne.
Collection de l'auteur.

Page précédente.
On a peu de renseignements sur ce que fit l'Empereur pendant les deux journées de la bataille. On sait que son état-major était installé derrière une tuilerie proche d'Essling. Lorsqu'il se déplace le 22 mai, il ordonne à son entourage de se disperser afin de ne pas fournir une cible trop visible à l'artillerie autrichienne.
Aquarelle de Myrbach, DR.

8. In Jomini *Précis de l'Art de la guerre*, tome II.

Le général Molitor (1770-1849), futur maréchal de France se signale à Aspern le 21 mai en dirigeant une défense tactiquement irréprochable et empreinte d'héroïsme. Les débris de sa division, dispersés en tirailleurs sur le Gemeinde Au repousseront les attaques du corps d'Hiller toute la journée du 22 mai. DR

sont assez larges pour qu'un peloton se déploie en ligne[9]. Marbot, aide de camp de Lannes et mauvaise langue, comme à son habitude persifle : « *Le maréchal Masséna qui occupait ces deux villages depuis la veille, aurait dû en faire créneler les maisons et couvrir les approches par quelques travaux de campagne ; mais il avait malheureusement négligé de prendre cette prudente précaution.* »

Essling ne se distingue de son village voisin que par deux autres constructions. Au sud, entre le bras du Danube et le village, une ferme détachée, dont le vaste verger entouré de murs ainsi que du talus contre les inondations, ne laisse que quelques centaines de mètres libres entre le fleuve et le village. Mais surtout sur le côté faisant face au Nord-Est du village, le célèbre grenier : « *le grenier est un édifice de trois étages, construit en briques, long de 36 m et large de 10. Jusqu'au premier étage les murs ont 1,35 m d'épaisseur et sont à l'épreuve du canon : au-dessus, leur épaisseur est d'un mètre seulement ; les portes sont solides et doublées en tôle ; les fenêtres ont 1,16 m de hauteur sur 1 m de large, celles du rez-de-chaussée sont à 1,65 m au-dessus du sol. Le toit est garni de lucarnes et les pignons sont percés d'ouvertures rondes et grillées. Le bâtiment présente en tout 48 fenêtres ou créneaux et 400 hommes s'y défendraient à l'aise.* »[10] C'est donc avec un coup d'œil tactique intact que Napoléon déploie ses hommes le soir du 20 mai, après une première rupture d'un pont faisant suite à la rupture d'un câble n'ayant pas résisté à la force du courant. Molitor aurait alors influencé Napoléon en insistant sur la position forte que représentait Aspern. Napoléon a à sa disposition 30 000 hommes et 50 pièces d'artillerie. Masséna reçoit le commandement de la gauche française, Bessières de la totalité de la cavalerie et Lannes, bien que son corps ne soit pas encore passé, de la droite. La division Molitor se déploie autour et dans Aspern, elle est appuyée par celle de Legrand légèrement à sa droite en arrière, le centre est uniquement occupé par les trois divisions de cavalerie Marulaz, Lasalle et Espagne, Boudet occupe Essling.

L'idée de l'Empereur est de prendre une position défensive s'ancrant sur les villages qui couvrent le débouché de la tête de pont dans l'attente des IIᵉ et IIIᵉ corps, de la réserve de cavalerie et du grand parc d'artillerie.

LES FRANÇAIS DOS AU FLEUVE

Le déploiement français, en ligne intérieures qui permettent un renforcement aisé de tous les points par le débouché de Lobau, ne laisse que peu de choix à l'Archiduc Charles. Celui-ci décide de se rapprocher du fleuve en faisant converger cinq colonnes sur les villages afin de couper par les ailes la voie de retraite aux Français. L'objectif final étant de s'emparer de la tête de pont française sur la rive gauche du Danube. Les colonnes autrichiennes sont, de la gauche vers la droite, celles de Hiller, Bellegarde, Hohenzolern, Dedovich et Hohenlohe. Mais le manque d'expérience, voire de sérieux, des états majors des corps autrichiens retarde sérieusement les mouvements de l'armée.

Seules trois colonnes se mettent en marche dans un premier temps, dans la nuit du 20 au 21 mai. Cette bévue aura en fait des conséquences bénéfiques pour les Autrichiens, les officiers français en observation sur les clochers d'Aspern et d'Essling, distinguent au loin, les feux des colonnes qui ne marchent pas encore et rapportent à Napoléon que l'ennemi semble immobile. L'armée autrichienne doit se déployer sur plus de 8 km de front face à une armée française concentrée sur moins de 2 km. La bataille se jouera donc sur la capacité des Français à soutenir l'assaut simultané d'une armée très supérieure en nombre. En effet, le 21 mai ce sont près de 60 000 Autrichiens qui font face à 30 000 Français.

Napoléon a un autre ennemi, c'est le fleuve qui débordant lentement de son cours, noie les prairies basses de

9. Un peloton est le nom donné à la compagnie lorsqu'elle manœuvre, le peloton est sur trois rangs donc pour 150 hommes cela correspond à une quarantaine de mètres de large.

10. In Koch, Mémoires de Masséna, tome VI.

Lobau et menace d'emporter à tout instant les fragiles ponts. Deux fois le 21, les ponts seront coupés, deux fois ils seront réparés. Les fantassins de Carra-saint-Cyr qui passeront vers 18 heures, le feront les pieds dans l'eau sur un tablier inondé, la cavalerie de Nansouty, passera escadron par escadron, les chevaux menés à la bride, pour ne pas surcharger le fragile tablier de planches disjointes.

En ce dimanche de Pentecôte, l'avancée des Autrichiens se fait derrière un rideau impénétrable de troupes légères, chasseurs en tirailleurs appuyés par des hussards en fourrageurs. La matinée, se passe dans une attente, ponctuée de quelques coups de carabine. Vers 12 heures, les Autrichiens redressent leurs rangs à quatre portées du canon français. Face à Aspern se positionne en pointe, le long du Danube, le général Nordmann avec des troupes légères. Il précède la colonne de Hiller qui s'étend vers l'intérieur des terres, soutenue par la colonne de Bellegarde. Vers Essling, se déploie lentement car l'objectif est à l'opposé de l'origine de la marche, la colonne de Dedovich. Hohenzollern couvre Bellegarde et tous les deux suivent Hiller sur son flanc gauche. La réserve de cuirassiers et de grenadiers s'avance vers Breitenlee au centre du dispositif. Masséna, sentant que la lutte sera rude et que la possession d'Aspern est vitale pour les Français, fait déployer la division Molitor, de la manière la plus optimale, quatre compagnies de voltigeurs du 16e de ligne sont détachées en tirailleurs sur le Gemeinde Au, le reste de la division profite de chaque accident de terrain pour rechercher la meilleure protection *(cf. infographie page 36)*.

Bien que quatre fois plus nombreux, les Autrichiens ne parviendront à prendre le dessus sur les quatre compagnies de voltigeurs défendant le Gemeinde Au le 21 mai.
DR

Ci-contre.
Cette composition de Myrbach mettant en valeur la fureur des flots du Danube ne correspond pas à la réalité. En effet, on devine dans le lointain le clocher d'Ebersdorf, sur la rive droite alors que le sens d'écoulement des flots nous indique que la vue est prise de la rive droite.
Composition de Myrbach. DR

Ci-contre.
Cette gravure naïve illustre parfaitement la défense de l'église d'Aspern et de son cimetière. En effet, l'auteur insiste sur la mise en état de défense des murs du cimetière par des ouvertures permettant le tir de deux à trois fusils. Les Autrichiens semblent manquer de moyens pour mener à bien cette attaque : il n'y a ni sapeurs, ni échelles.
Gravure anonyme, Musée d'Aspern.

Ci-dessous.
Prise de l'église d'Aspern. Cet ensemble de bâtiment changera de main plusieurs fois au cours de la journée. Cette gravure anonyme de la première moitié du XIXe siècle propose une lecture politique de ce combat. En effet, on remarque au premier plan de l'infanterie allemande (casque) faisant face à des grenadiers français, se distingue particulièrement un officier d'état-major à cheval qui semble diriger l'assaut, un officier allemand indiquant l'église comme objectif, à ses côtés un petit tambour au pied d'un drapeau. Au second plan, une colonne de soldats hongrois déferle sur les murs du cimetière, les franchissant avec ardeur. On devine ici une volonté politique de montrer l'union entre les deux couronnes de l'Empire d'Autriche et du Royaume de Hongrie. ans la réalité, il est impossible de savoir quelle unité s'est emparée de l'église.
Gravure anonyme, Musée d'Aspern.

LE BAL EST OUVERT

C'est aux voltigeurs du 16e de ligne que reviendra l'honneur d'ouvrir la bataille. En effet, Nordmann lance le comte Colloredo à l'assaut du Gemeinde Au avec 1 bataillon du régiment de Saint Georges Grenz, 1 bataillon des volontaires viennois et 1 bataillon de landwehr, tous en tirailleurs. Il est 13 heures. Le 16e tiendra jusqu'à la nuit tombée, empêchant ainsi la gauche française d'être tournée. Il faut noter la supériorité tactique des tirailleurs français sur leurs homologues autrichiens, cela s'explique par une longue habitude de ce type de déploiement et un encadrement plus nombreux chez les Français, ce qui donne une meilleure réactivité aux situations sur le terrain.

En avant du village et ses 5000 défenseurs, font face près de 30000 Autrichiens. Trois attaques vont se succéder entre 13 heures et 15 heures, le scénario en est le même à chaque fois. Les Français, déployés en bataille, reçoivent par un feu de mousqueterie les lignes de l'in-

fanterie autrichienne. Marchent en tête, des sapeurs détachés pour abattre les haies et les obstacles, ils sont suivis par des fanfares qui galvanisent les régiments avec des airs martiaux. Le capitaine Komadina du régiment Reuss-Plauen a le pied emporté par un boulet, quand ses soldats veulent l'emmener vers l'arrière il leur dit : *« suivez le chemin montré par le sang de vos camarades. »* Face à l'héroïsme des Autrichiens, celui des Français est tout aussi grand.

Entre chaque attaque, les Autrichiens concentrent leur feu d'artillerie, 60 puis 90 pièces qui écrasent la faible artillerie divisionnaire française, les 37e et 67e de ligne ne peuvent plus tenir en plaine et se replient dans les maisons d'Aspern. Le lieutenant Chevalier témoigne : *« ils étaient en si grande quantité* [les Autrichiens] *qu'à peine pouvaient-ils manœuvrer. Bientôt une effroyable canonnade s'engagea, sur le front, sur les flancs et l'épaisse fumée cachait leurs nombreux bataillons. Ils pénétrèrent dans le village. »*

L'ENFER D'ASPERN

Commence alors ce que les contemporains appelleront la boucherie d'Aspern ; des combats d'une férocité inouïe, pour une maison, une courette ou un pan de mur. Les soldats se battent à coup de crosse, de baïonnette, se lancent des tuiles arrachées aux toits, se battent à main nue. Édouard Gachot a su rendre l'atmosphère des combats dans son livre de 1913 : *« un pan de mur que fit tomber l'artillerie autrichienne, ensevelit deux escouades,*

Ci-dessus.
Attaque d'Aspern par la première colonne du F.M. Hiller. Dans le lointain, le village et l'église sont en feu. Les Français couronnent les murs du cimetière qu'une colonne d'infanterie allemande s'apprête à assaillir. Un prisonnier, qui pourrait être un officier Badois ou un soldat hessois, est présenté à l'état-major.
Gravure anonyme, Musée d'Aspern.

Ci-contre.
Cette gravure autrichienne montre la destruction de l'artillerie placée par le général Molitor en retrait du village d'Aspern.
Gravure anonyme, Musée d'Aspern.

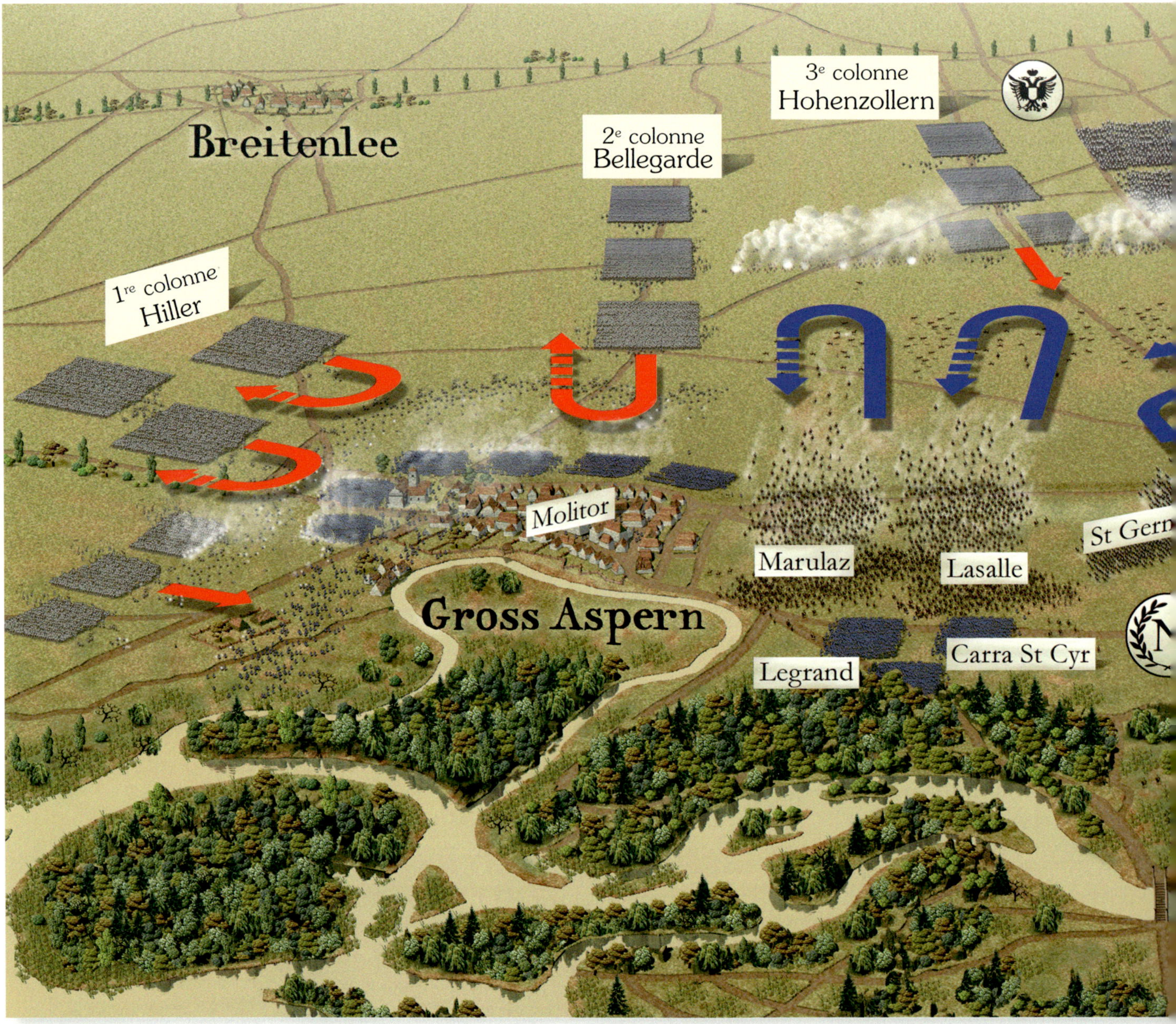

éteint des râles sinistres entendus après des appels désespérés. Les obus qui tombent en grêle, allument des incendies qui chassent de leurs refuges des hommes obstinés à lutter. Mais le bâtiment évacué, ils gardent la cour, l'enclos, se rallient une fois dispersés, au roulement du tambour et parviennent à déloger les vaillantes troupes de Nordmann[11] qui avaient occupé huit maisons. » Repoussés par deux fois les Autrichiens persistent dans leurs assauts, aiguillonnés par l'Archiduc Charles. L'attaque du corps d'Hohenzollern débouche vers 15 heures, l'artillerie française ayant été démontée, le corps d'attaque se déploie sur deux lignes, la première en bataillon masse précédant des bataillons déployés en ligne. Marulaz charge de flanc cette colonne, mais 1 500 sabres contre 17 000 hommes et 50 canons ne peuvent que retarder l'inévitable. Trois régiments en bataillon-masse repoussent les chasseurs à cheval français avec de lourdes pertes (régiments Zach, Colloredo et Zettwitz).

Ces régiments avaient été engagés précédemment dans la campagne mais en cette occasion, ils tiraient leurs premières salves. Cependant, Masséna en nourrissant le combat de ses maigres réserves, repousse Hohenzollern. Une quatrième attaque autrichienne échoue vers 18 heures. Le village change 5 à 6 fois de main.

11. Erreur manifeste, Nordmann combattait dans le Gemeinde Au et non dans Aspern.

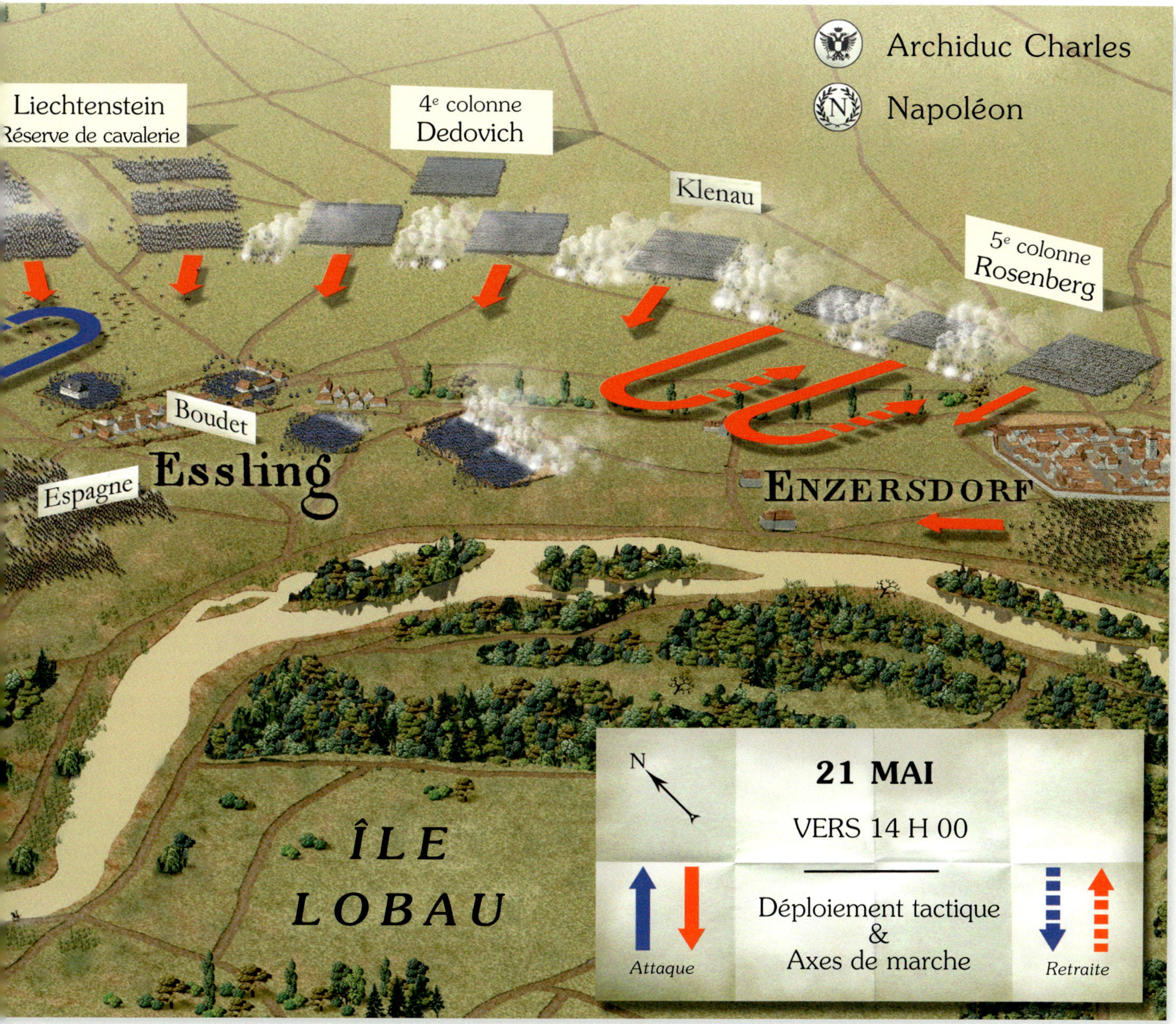

L'église et son cimetière semblent focaliser des combats de plus en plus acharnés. De part et d'autre, on piétine les morts pour escalader les murs des jardins. Lejeune rapporte : *« en quelques minutes le village fut complètement encerclé de troupes* [autrichiennes] ; *et cachés de la vue des uns et des autres dans la fumée dense des canons, des mousquets et du village qui venait de prendre flamme, les combattants, en suffocant croisaient les baïonnettes sans être capables de se voir »*. Une cinquième attaque sous les ordres du général Vacquant chasse les Français vers 19 heures du village en flammes.

Vers 21 heures, la division Legrand entre alors dans la fournaise avec les 18e de ligne et 26e léger. Ils font illusion quelques instants et reprennent l'église, le jardin restant Autrichien. Un dernier effort des Autrichiens chasse à nouveau les Français.

Les régiments Klebeck, Jordis, Argentau et Kollowrath, avec leurs 12 bataillons, pensent avoir définitivement conquis le village, mais un retour soudain de la brigade Cosson de la division Carra-Saint-Cyr reprend la partie Est du village. L'église reste aux mains des Autrichiens, le village aux Français. A la nuit tombée, la division Molitor épuisée se retire, ayant perdu 79 officiers, 2 107 sous officiers et soldats.

Page ci-contre.
Le splendide héroïsme des cuirassiers lors des charges du 21 mai, est avant tout révélateur des erreurs du commandement
Composition de Ludovic Letrun

UNE PLAINE POUR LA CAVALERIE

Si Aspern avait concentré la plus grande intensité des combats, la plaine entre les deux villages avait vu une succession de charges de la cavalerie française tout au long de la journée. Le centre est sous le commandement du maréchal Lannes, qui bien que n'ayant pas de troupes de son corps à disposition, s'est vu confié par Napoléon la responsabilité du centre et de la défense d'Essling. Ce n'est pas avant le milieu de l'après-midi que la cavalerie se retrouve face à l'ennemi qui par un large mouvement hors de portée de l'artillerie se porte entre les deux villages. Lasalle et Marulaz interviennent au profit de Molitor en ralentissant les colonnes de Bellegarde et Hiller. Il n'est pas prétentieux de comparer les charges de Bessières avec celle de Murat à Eylau.

En effet, entre 16 heures et 20 heures quatre charges mettant en jeu des divisions entières se succèdent. La première charge vers 16 heures envoie les quatre régiments de cuirassiers du général Espagne sur une ligne d'artillerie autrichienne couverte par 6 régiments de cuirassiers de la réserve de Liechtenstein. La charge française s'élance sous un déluge de boulets puis de mitraille, elle traverse l'artillerie en sabrant les servants et s'arrête, essoufflée, devant 4 régiments autrichiens de cavalerie les attendant à l'arrêt. Le face à face ne dure que le temps nécessaire pour que deux régiments de cuirassiers autrichiens prennent de flanc la masse des Français. Le général Durosnel (Aide de camp de l'Empereur qui s'ennuyait à l'État-major et qui chargea avec un ami) disparaît dans la mêlée, annoncé mort il est en fait prisonnier. Une heure plus tard, la même division attaque la colonne de Dedovich vers Essling, elle est stoppée brutalement par trois régiments d'infanterie (Cobourg, Erzherzog Louis et Czartorisky) qui font feu à 20 pas. Quatre cents cuirassiers jonchent le terrain. Maximilien Von Thielen, officier au régiment de cuirassiers N° 4 est témoin de la scène : « *je les ai vu ces trois mille cuirasses serrées en ligne devant les régiments de Staray et de Hiller ; ceux qui les portaient y trouvèrent la mort. Ces deux régiments s'opposèrent à ces hommes d'acier en les laissant s'approcher à vingt ou trente pas et les décimèrent ensuite par un tir général.* » Sous un soleil déclinant dans leur dos, une troisième charge commandée par Bessières en personne, renvoie Espagne et ses survivants sur une masse de cavalerie qui s'infiltre entre Dedovich au centre et Hohenlohe vers Essling. L'impétuosité des cavaliers français disperse deux lignes de cavalerie (régiment de cuirassiers Erzherzog Albert et Erzherzog Franz ainsi que les dragons de Knesevich), la troisième ligne constituée de régiments d'Insurrection Hongroise s'enfuit sans combattre. Ce qui fera dire à l'Archiduc Charles : « *ces deux régiments ne sont bons à rien... ils doivent s'entraîner au moins deux fois par jour* ». Il s'ensuit une mêlée indescriptible, au cours de laquelle le caporal Prager du régiment d'infanterie Froon fait acte d'héroïsme en s'emparant, seul, du chef d'escadron Malton, du 1er cuirassiers.

Ci-contre.
Le caporal Prager du régiment Froon capture le chef d'escadrons Malton du 1er cuirassiers
Composition de Ludovic Letrun

Page suivante.
Contrairement à leurs homologues français, les cuirassiers autrichiens ne sont dotés que d'un plastron (demi-cuirasse). Cette protection est insuffisante lors de phases de mêlée ou de retraite, comme cela fut le cas au soir de la bataille d'Eckmühl. *Composition d'Ottenfeld, DR.*

Ci-contre.
Aide de camp du maréchal Lannes, Félicien Marbot a longuement décrit dans ses célèbres mémoires les journées d'Essling. Il est en particulier acteur et témoin de l'altercation entre les maréchaux Lannes et Bessières, notons cependant qu'il est le seul à en parler. *DR*

Menacés d'encerclement, fusillés de tous côtés, isolés au milieu des bataillons-masses autrichiens, les cuirassiers se replient avec de lourdes pertes parmi lesquelles, le général Espagne emporté par une décharge de biscaïens. Une charge des hussards de Blankenstein et des dragons de Riesch prend en flanc la brigade Bruyères qui est dispersée. Le 24e Chasseurs à cheval, coupé, va tomber sur une troisième ligne de cavalerie où il est enveloppé et pris en partie. Bessières manque d'y perdre la vie, entouré de Chevau-légers il se défend avec acharnement, vidant ses deux pistolets et n'est libéré que par des chasseurs de Lasalle. Cette journée est celle des cuirassiers et le dévouement du sous-lieutenant Decoppin en est la preuve : celui-ci n'est sous-lieutenant de cuirassiers que depuis le 14 mai 1809. Il est blessé d'un coup de feu à la jambe droite le 21 mai.

Retournant à l'arrière, il se fait soigner et réunit, à peine pansé, 32 cuirassiers démontés, leur fait prendre des chevaux abandonnés et les reconduit au combat. Il sera blessé d'un coup de feu au pied gauche le lendemain 22 mai 1809 ayant eu 3 chevaux tués les deux journées,

Les Autrichiens se reforment et avancent à nouveau sur le centre français qui recule jusqu'à la levée de terre joignant les deux villages. Vers 19 heures, il ne reste devant la masse de la colonne autrichienne que les survivants de 4 régiments de cuirassiers, sur un seul rang, commandés par Bessières. Mais la division Nansouty vient de passer les ponts et renforce cette mince ligne. Une dernière charge enfonce à nouveau le rideau de cavalerie protégeant les artilleurs, pour, à nouveau, venir s'échouer devant la fermeté de l'infanterie autrichienne.

La nuit est tombée, les mouvements autrichiens s'arrêtent puis ces derniers rétrogradent vers Breitenlee.

Ci-dessous.
Vers 16 heures, le général Espagne mène la charge de sa division de cuirassiers sur une redoutable ligne d'artillerie. *Composition de J. Girbal, Collection particulière.*

LE COURROUX DES MARÉCHAUX

Ces charges épiques donnèrent lieu à un incident que Marbot, raconte longuement, en se mettant en scène : *« à la nuit tombante, Lannes donne l'ordre qui déclenche l'affaire :* "allez dire au maréchal Bessières que je lui ordonne de charger à fond ! *[cet ordre donné d'abord à son Aide camp le capitaine de Viry, qui prudent transmet l'ordre suivant] :* "je l'ai informé que votre excellence le priait de faire charger toute la cavalerie" *Lannes en haussant les épaules répondit :* "vous êtes un enfant… faites approcher un autre officier", *La Bédoyère transmet à son tour l'ordre mais en omettant le ton comminatoire. [Lannes envoie alors Marbot qui transmet à nouveau l'ordre mais dans les termes précis du Maréchal] : la réaction de Bessières est prévisible, en fureur il s'écrie :* "est-ce ainsi, Monsieur, qu'on parle à un maréchal ? Quels termes !.. Vous ordonne !… Et charger à fond !… Je vous ferai sévèrement punir de cette inconvenance !" — *je répondis :* "Monsieur le maréchal, plus les expressions dont je me suis servi paraissent fortes à Votre Excellence, plus elle doit être convaincue que je ne fais qu'obéir aux ordres que j'ai reçus ».

La charge se fait finalement. Ce qui jette un doute sur la relation de Marbot, c'est que cette charge n'ai pas été faite dès le premier ordre, non offensant transmis par De Viry. Lannes voyant les résultats de la charge, l'arrêt de l'avance autrichienne sur le centre de la position conclut : *« vous voyez bien que ma sévère injonction a produit un excellent effet sans cela, Monsieur le maréchal Bessières eût tâtonné toute la journée ! »* Cette affaire ne se termine pas là. Marbot, défendant son Maréchal poursuit : [à la fin de la première journée de la bataille il accompagne Lannes vers Aspern, celui-ci souhaitant rencontrer Masséna. Ce dernier est en conversation avec Bessières, dans la pénombre le maréchal Bessières reconnaît Marbot et n'ayant pas vu Lannes s'adresse à lui de la façon suivante] :

« Ah ! C'est vous Monsieur… Si ce que vous m'avez dit tantôt provient de vous seul, je vous apprendrai à mieux choisir vos expressions en parlant à vos supé-

rieurs ; et si vous n'avez fait qu'obéir à votre maréchal, il me rendra raison de cette injure, et je vous charge de lui dire ! » Lannes sort de l'ombre et s'écria : « *Et que reprochez-vous à cet officier ? — Monsieur, votre aide de camp est venu me dire que vous m'ordonniez de charger et à fond. Il me semble que de telles expressions sont inconvenantes. – Elles sont justes, Monsieur, et c'est moi qui les ai dictées ! L'empereur ne vous a-t-il pas dit que vous étiez sous mes ordres ? – l'Empereur m'a prévenu que je devais obtempérer à vos avis. – Sachez Monsieur, que dans l'état militaire, on n'obtempère pas, on obéit à des ordres ! Si l'Empereur avait la pensée de me placer sous votre commandement, je lui offrirais ma démission ; mais, tant que vous serez sous le mien, je vous donnerai des ordres, et que vous obéirez ; sinon, je vous retirerai la direction des troupes. Quant à charger à fond, je vous l'ai prescrit parce que vous ne le faisiez pas, et que depuis ce matin,*

vous paradiez devant l'ennemi sans l'aborder franchement ! – mais ceci est un outrage ! Cria Bessières avec colère ; vous m'en rendrez raison ! – A l'instant même si vous voulez ! » répondit Lannes en mettant la main à l'épée. Masséna les sépare.

L'Empereur reçut successivement Lannes puis Bessières et bouda ouvertement celui-ci. Cela explique peut-être le zèle et le mépris du danger dont fera preuve Bessières le lendemain.

ESSLING RÉSISTE

Devant Essling, le maréchal Lannes avait eu le temps de préparer le village à recevoir les Autrichiens, les rues sont bloquées par des barricades de fortune, les murets des jardins sont crénelés et percés de meurtrières. Le 3e léger se déploie en ligne derrière le mur du grand jardin au sud du village. La première attaque se produit vers 16 h 30, par une tentative d'infiltration de la cavalerie entre Essling et le Danube, les pièces d'artillerie placées sur l'île Lobau prennent en enfilade les régiments qui défilent et les rejettent vers Enzersdorf. Les Français voient défiler la colonne d'Hohenlohe tout autour du village sans essayer de l'aborder franchement. Un feu d'artillerie intense s'abat sur Essling provenant d'Enzersdorf au sud et des pièces déployées en éventail autour du village. Le lent mouvement des Autrichiens est observé par le Maréchal Berthier qui monte dans le clocher du village vers 18 h 30. Napoléon est derrière le centre près du bâtiment d'une tuilerie, ses officiers d'ordonnance grimpent sur le toit et transmettent ce qu'ils voient à travers la fumée des combats à l'Empereur resté en bas. De temps à autre Napoléon s'approche de la ligne de feu escorté de quelques hommes seulement pour ne pas attirer le feu de l'immense artillerie autrichienne sur son groupe. Lannes moins prudent y perdra tous ses aides de camp, tués ou bles-

Ci-contre.
Les régiments de cuirassiers chargent dans l'intervalle des bataillons français déployés. Ils viennent tournoyer autour des bataillons masses autrichiens sans pouvoir les entamer. La seconde ligne de cavalerie autrichienne se prépare à contre-charger alors que l'artillerie couvre de mitraille l'espace entre les bataillons.
Gravure anonyme, Musée d'Aspern.

Ci-contre.
Illustration de l'incident survenu entre les maréchaux Lannes et Bessières.
Composition de Ludovic Letrun

Ci-contre, à droite.
Une charge de cuirassiers français est repoussée par le feu d'un bataillon masse autrichien.
Gravure anonyme, Musée d'Aspern.

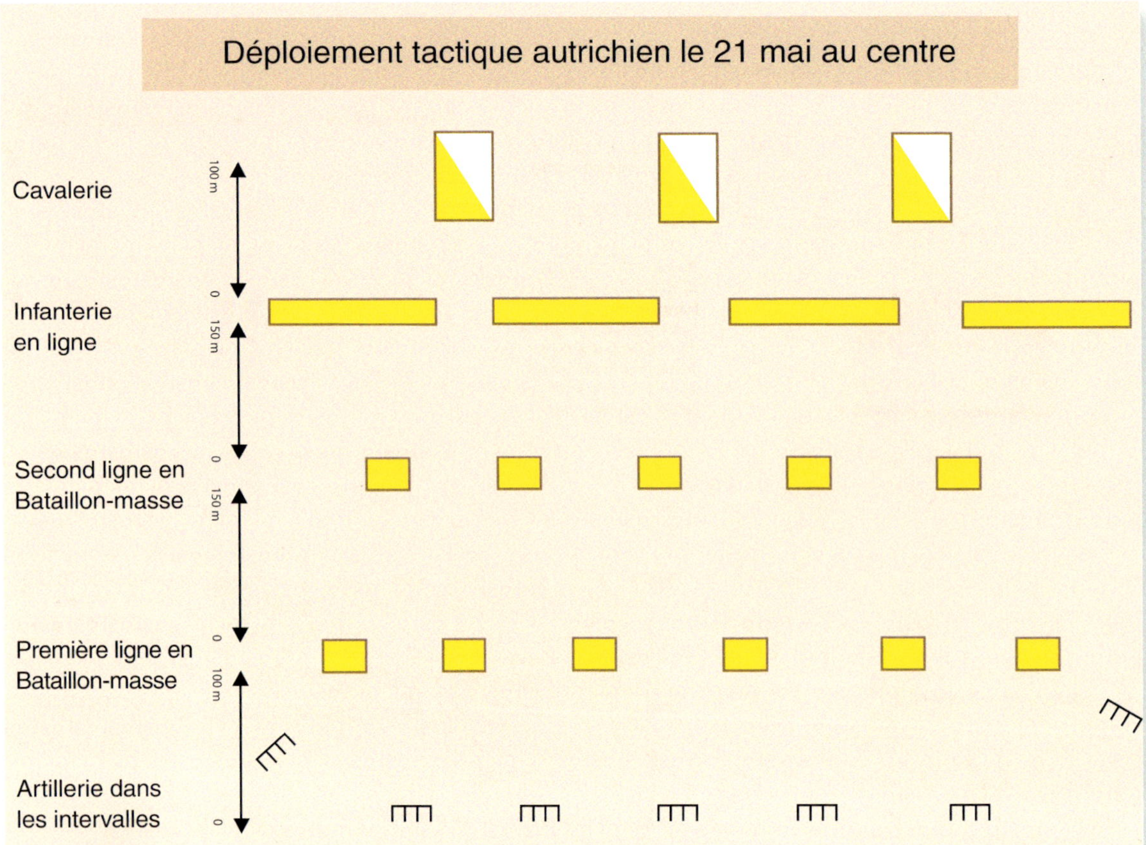

(Infographie André Jouineau)

Grenadier du régiment Giulay, de la division d'avant garde de Nordmann, Corps de Hiller.

(Infographie André Jouineau)

Fusilier du régiment Mittrowsky, brigade Wintzingerode.

sés (Marbot est blessé une fois de plus par un biscaïen qui lui enlève un morceau de chair à la cuisse droite « gros comme un œuf », un chirurgien lui bourre la plaie d'étoupe à canon avant qu'il ne remonte à cheval). Essling reste aux mains des Français sans qu'il n'y ait eu d'assauts aussi poussés que sur Aspern. Vers 20 heures, le combat s'éteint progressivement sur la droite française.

L'Archiduc Charles met fin aux combats vers 22 heures et donne ses ordres pour le lendemain : « *L'armée restera cette nuit sur les positions conquises ce soir. A l'aube chacun devra reprendre les armes. Les sentinelles nécessaires à la sécurité seront maintenues. Les munitions, dont une grande partie se trouve à Breitenlee, seront renforcées.*

Messieurs les commandants de corps vérifieront, au moyen de patrouilles, si l'ennemi tout entier est repassé dans la Lobau. Ils feront tout leur possible pour rassembler de la nourriture pour les troupes et pour faire transporter les blessés. La cavalerie restera attelée durant la nuit et nourrie si nécessaire ; l'infanterie restera groupée et gardera les gibernes. Je serais demain, à l'aube, avec la deuxième colonne, derrière Aspern et donnerais de là les derniers ordres. L'ensemble des généraux et officiers d'état-major doivent rester cette nuit près de leurs troupes. J'établi ce soir mon quartier-général à Breitenlee où les rapports doivent m'être adressés. » Napoléon de son côté est inquiet, les Autrichiens se battent avec acharnement et il est toujours dos au fleuve.

ARRÊT NOCTURNE DES COMBATS

Si les Autrichiens se retirent de quelques centaines de mètres, sauf dans Aspern, les Français se renforcent toute la nuit depuis le rétablissement du passage sur le Danube vers 17 h 30. Mais les travaux de consolidation prennent du temps, il faut en priorité faire passer des munitions et de la poudre, passent ensuite : le corps de Lannes, les divisions Tharreau, Claparède et Saint Hilaire, la Garde à pied passe vers 5 heures du matin, suivie de la division de cuirassiers Saint Sulpice, vers 7 heures la division Demont. Coignet dans ses célèbres cahiers, nous rapporte un épisode cocasse : « *Comme nous passions le grand pont sur trois rangs, chacun tirait à la hâte son bonnet à poil enfermé dans un étui en haut du sac. Comme la toilette pressait, nous lancions, pour avoir plutôt fini, nos chapeaux dans le fleuve. Nous n'en avons jamais reporté depuis* ». Si la toilette presse, c'est qu'il faut être beau à la bataille, or, celle-ci s'est rallumée depuis plusieurs heures.

DRAPEAUX ALLIÉS ET AUTRICHIENS

Drapeau du régiment de la Garde hessoise. Le duché du Hesse-Darmstadt fait partie dans le cadre de la confédération du Rhin des nations alliées à l'Empire français. Les Hessois font partis du 4e Corps d'armée du Maréchal Masséna, 3e Brigade commandée par le général Schiner.

Drapeau colonel de l'infanterie type 1804. L'avers et le revers sont identiques.

Drapeau de bataillon autrichien de l'infanterie type 1804. L'avers et le revers sont identiques

Drapeau de bataillon autrichien de l'infanterie type 1806. Le régiment Froon IR n° 54 appartient au 2e Corps d'armée.

Drapeau de bataillon autrichien de l'infanterie type 1792. L'avers et le revers sont identiques

(Infographie André Jouineau © Histoire & Collections 2007)

LE 22 MAI 1807 : UN PONT TROP LOIN

La trêve nocturne a permis à Napoléon de se renforcer. Face à un adversaire qu'il pense épuisé, il décide de passer à l'offensive, d'autant que la garde impériale est arrivée. Les vieilles moustaches peuvent faire pencher la balance du côté des Français.

Une charge de cuirassiers français. *Esquisse de Hollitzer, DR*

NAPOLÉON N'A PAS ABANDONNÉ son idée de rechercher une bataille décisive, il peut maintenant compter sur près de 60000 hommes, ses adversaires se sont affaiblis pendant une journée entière sans résultats, il a compris ce que voulait l'Archiduc Charles, et pense que les attaques renouvelées se feront toujours sur les deux villages, laissant un centre plus dégarni donc plus faible.

De leur côté, les Autrichiens sentent que le moment est venu de repousser définitivement Napoléon dans le fleuve. Le Danube ne cessant de grossir, menace continuellement les fragiles lignes de communication françaises et il suffirait d'aider le destin pour isoler Napoléon dos au fleuve. Le déploiement français reprend celui du 21 : Masséna doit tenir Aspern avec la division Legrand, Carra Saint Cyr se trouve en appui de Legrand sur la droite du village tandis que ce qui reste la division Molitor occupe le Gemeinde Au. Lannes est en charge du centre, ses trois divisions se déploient sur la gauche en retrait, Claparède, Tharreau puis Saint-Hilaire. Boudet reste dans Essling. La division Demont n'avancera pas de la journée, occupant prudemment les retranchements couvrant la tête de pont. Lannes est couvert sur ses arrières par toute la cavalerie de Bessières en seconde ligne. La réser-

LES DRAPEAUX FRANÇAIS

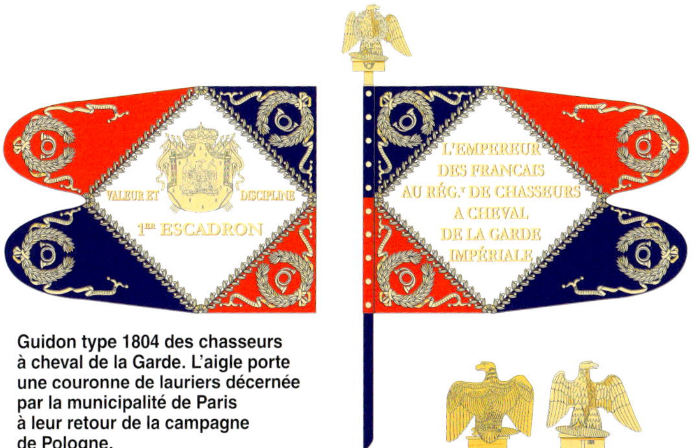

Guidon type 1804 des chasseurs à cheval de la Garde. L'aigle porte une couronne de lauriers décernée par la municipalité de Paris à leur retour de la campagne de Pologne.

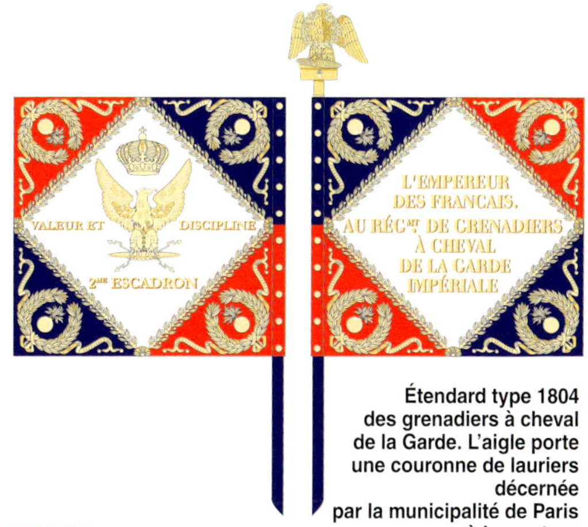

Étendard type 1804 des grenadiers à cheval de la Garde. L'aigle porte une couronne de lauriers décernée par la municipalité de Paris à leur retour de la campagne de Pologne. L'étendard est conservé au musée de l'Armée de Paris.

Drapeau type 1804 du 1er régiment des grenadiers de la Garde. Rappelons que les formations de fusiliers et conscrit n'avaient pas de drapeau ni d'Aigle.

Drapeau type 1804 du 3e régiment d'infanterie de ligne. Le revers du drapeau porte les mêmes inscriptions que celui des Grenadiers de la Garde.

Guidon type 1804 du 14e régiment de chasseurs à cheval. Au revers est inscrit : « VALEUR ET DISCIPLINE 1er ESCADRON ».

Étendard type 1804 du 9e régiment de cuirassiers. Au revers est inscrit : « VALEUR ET DISCIPLINE 1er ESCADRON ».

Drapeau type 1804 du 10e régiment d'infanterie légère. L'infanterie légère se distingue par le fond argenté à l'intérieur des couronnes de lauriers situées dans les quatre coins du drapeau. Le revers porte les mêmes inscriptions que le 1er Grenadier.

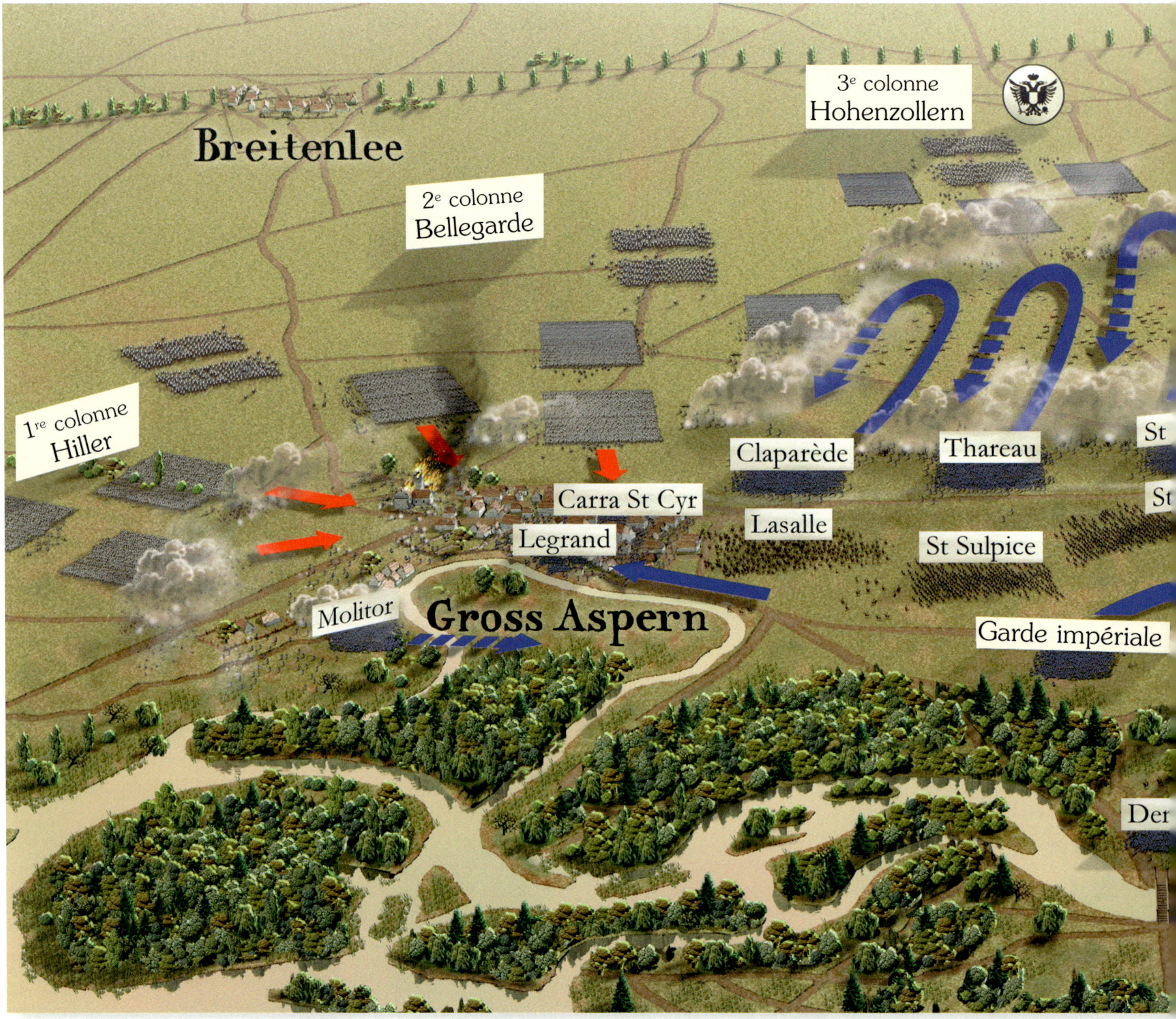

ve est constituée de la Garde avec Grenadiers et Fusiliers en crochet face à Enzersdorf, les Tirailleurs de Curial formant une troisième ligne derrière Bessières. Une batterie de 12 livres de la Garde est installée sur l'île Lobau face à Essling afin de prendre en écharpe l'espace entre le village et le fleuve.

LE MARTYR D'ASPERN

Le combat a repris dès 3h30 du matin par une attaque surprise sur Aspern défendu par 8 bataillons autrichiens. Les 18e et 26e de ligne remontent en colonne, au pas de charge les deux rues vers l'église, une batterie autrichienne est prise dans le brouillard. Joachim Delmarche, fusilier du 18e de ligne, retourne une pièce de 3 livres déjà chargée et lui fait faire feu en tirant à proximité de la lumière, il y gagne la croix. Les Autrichiens résistent mais, incapables de se rendre compte de leur supériorité numérique, abandonnent le village vers 4 heures A nouveau, ils vont écraser les défenseurs sous le déluge du feu de leur artillerie. Masséna évacue le village qui est réoccupé vers 5 heures, cependant, profitant de la période de flottement suivant le retour des Autrichiens, il lance le 24e de ligne à l'assaut et celui-ci s'empare de l'église en faisant 700 prisonniers. Mais la charge du régiment Ben-

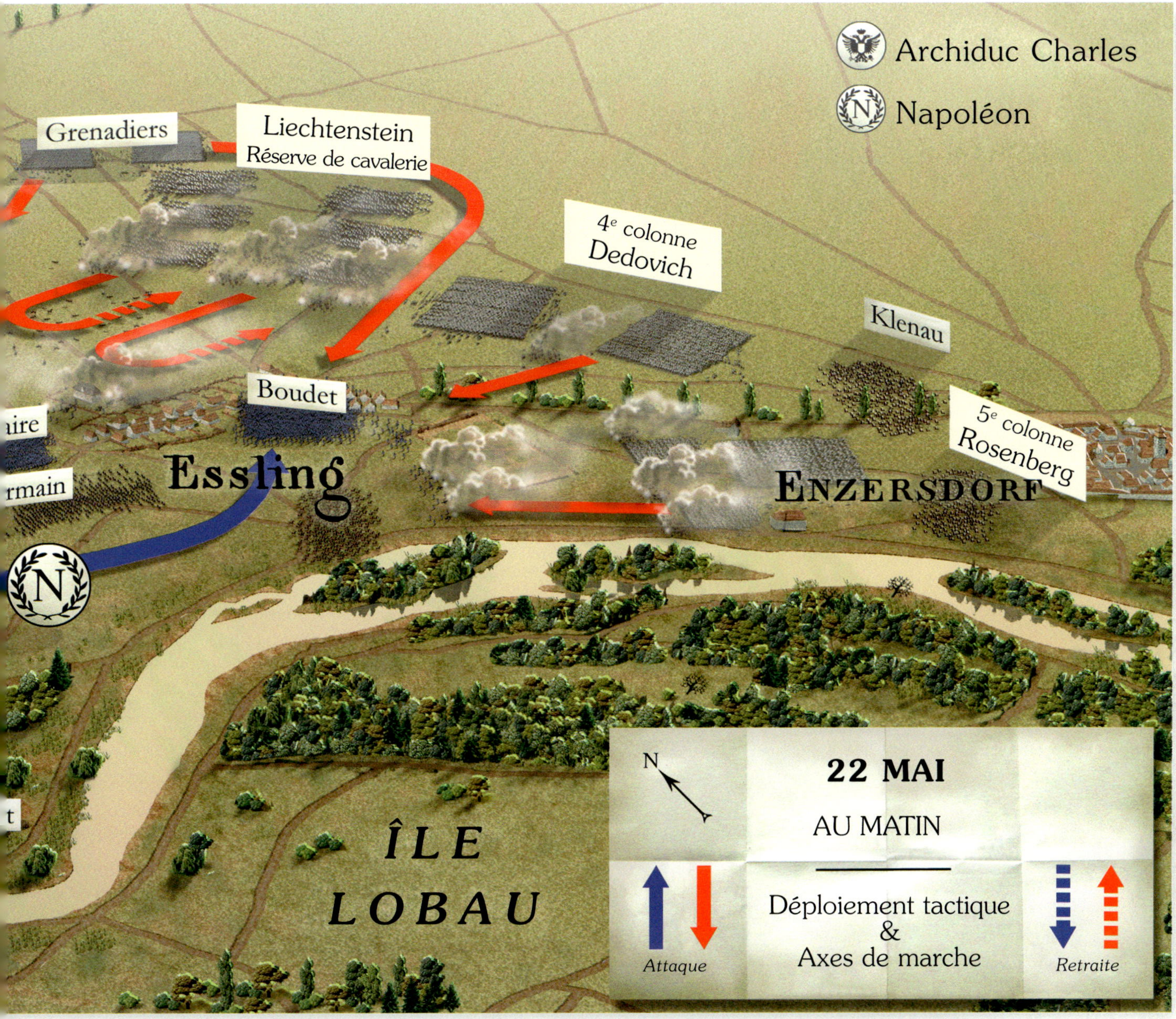

jowski repousse le 24e. S'avancent alors les 46e et 4e de ligne, le 46e en digne héritier de Latour-d'Auvergne et le 4e avec ferme volonté de reconquérir, dans le village en flamme, l'Aigle perdue à Austerlitz. Le 4e de ligne s'avance vers l'église par la rue sud, le colonel Boyeldieu s'aperçoit qu'une colonne autrichienne remonte vers l'est par la rue nord, il fait un à droite dans une rue latérale et coupe la colonne autrichienne en deux en s'emparant d'un bataillon.

L'église changera 4 fois de mains jusqu'à 7 heures, heure à laquelle elle reste Française. De son côté, la division Molitor défend le Gemeinde Au contre un rassemblement de troupes légères : 2e chasseurs tyroliens, les Saint-Georges Grenzers, trois bataillons de volontaires Viennois et un bataillon de volontaires Moraves. La concentration des feux d'artillerie sur Aspern est effroyable et vers 11 heures, Hiller attaque à nouveau en déployant toute son infanterie en lignes successives qui vont submerger dans un dernier effort les défenseurs français. Aspern repris, restera aux mains des Autrichiens jusqu'à la fin de la bataille mais, épuisés par les efforts consentis et devant la fermeté des divisions Legrand et Carra-Saint-Cyr reformées en dehors du village, les Autrichiens ne déboucheront pas vers la tête de pont.

Ci-dessous.
L'héroïque initiative du fusilier Joachim Delmarche.
Composition de Ludovic Letrun

LANNES À L'ATTAQUE

L'épicentre de la bataille s'était de toute façon, porté ailleurs. Lannes a pu se déployer dans l'épais brouillard montant du fleuve, qui l'a protégé de la vue des vedettes autrichiennes. Ce n'est que vers 7 heures que le brouillard se levant, les Autrichiens découvrirent le corps de Lannes en marche. Un officier du régiment Von Zach se rappelle : *« l'ennemi n'avait avancé que ses batteries en une immense ligne noire, voulant écraser notre infanterie par son feu. »* C'est le seul moment où l'artillerie française connaîtra une relative supériorité. C'est au tour des Autrichiens de subir sans pouvoir répliquer ; Maximilien Von Thielen raconte : *« le chef d'escadron Horvath avait eu un cheval tué sous lui. Il fut si grièvement blessé durant*

l'attaque qu'il dut être emporté non sans s'être présenté au colonel en tête, afin d'attirer son attention sur les pertes inutiles qui en résultaient [des feux d'artillerie français], et dire que le régiment se tenait trop en retrait puisque l'artillerie française tirait toujours trop loin et qu'il serait plus en sécurité plus près que plus loin. » Le déploiement tactique des unités d'infanterie françaises est prudent : une première ligne de bataillons en colonnes avec compagnies de voltigeurs déployées en tirailleurs, suivis d'une seconde ligne marchant en carré, la cavalerie de Bessières forme une troisième ligne, les régiments sont en colonne dans les intervalles de l'infanterie. Les Autrichiens opposent à cette menace une défense active qui montre les changements intervenus depuis 1805 : un écran de cavalerie en fourrageurs couvre latéralement, une ligne d'artillerie derrière laquelle se tient l'infanterie en bataillons-masses. Entre 7 heures et 9 heures, l'attaque de Lannes s'avance dans la plaine sur trois kilomètres. L'artillerie française tire à boulets puis à mitraille avant de se replacer dans les intervalles de la seconde ligne ou sur le flanc droit de la division Saint Hilaire. Les Autrichiens ont reculé sans jamais se désunir, et finalement devant Breitenlee, les bataillons de tête de Saint Hilaire et Tharreau se déploient en bataille et fusillent les bataillons autrichiens. Les régiments de cuirassiers chargent alors dans les intervalles et percent les lignes d'infanterie adverses mais sont obligés devant une troisième ligne de cavalerie intacte de rebrousser chemin entre les bataillons-masse.

Les divisions d'Oudinot : « *souffrent plus que les autres, parce qu'on n'a pas osé déployer en face de l'ennemi des troupes aussi jeunes.* »[12] Lannes aurait reçu vers 8 heures, la nouvelle que les ponts étaient rompus à nouveau, et que le corps de Davout qui devait prendre sa place entre Essling et Lannes ne pourrait pas déboucher avant plusieurs heures.

RETRAIT FRANÇAIS

Nous atteignons ici le point central de la bataille. Lannes, obéissant aux ordres de Napoléon, doit maintenant se retirer

Ci-dessus.
Vision d'une charge de cuirassiers datant de la seconde moitié du XIXe siècle. En effet, les uniformes français sont ceux de cuirassiers du Second Empire, et le drapeau est d'un modèle anachronique. Il n'en montre pas moins l'acharnement des combats.
Composition d'après von Maln, DR

Ci-contre.
Les uhlans n'ont pas brillé sur le champ de bataille : repoussés par les survivants de la division Lasalle au matin du 22, ils ont passé le reste de la journée en troisième ligne, derrière Rosenberg.
DR.

12. In Thiers : histoire du Consulat et de l'Empire tome X.

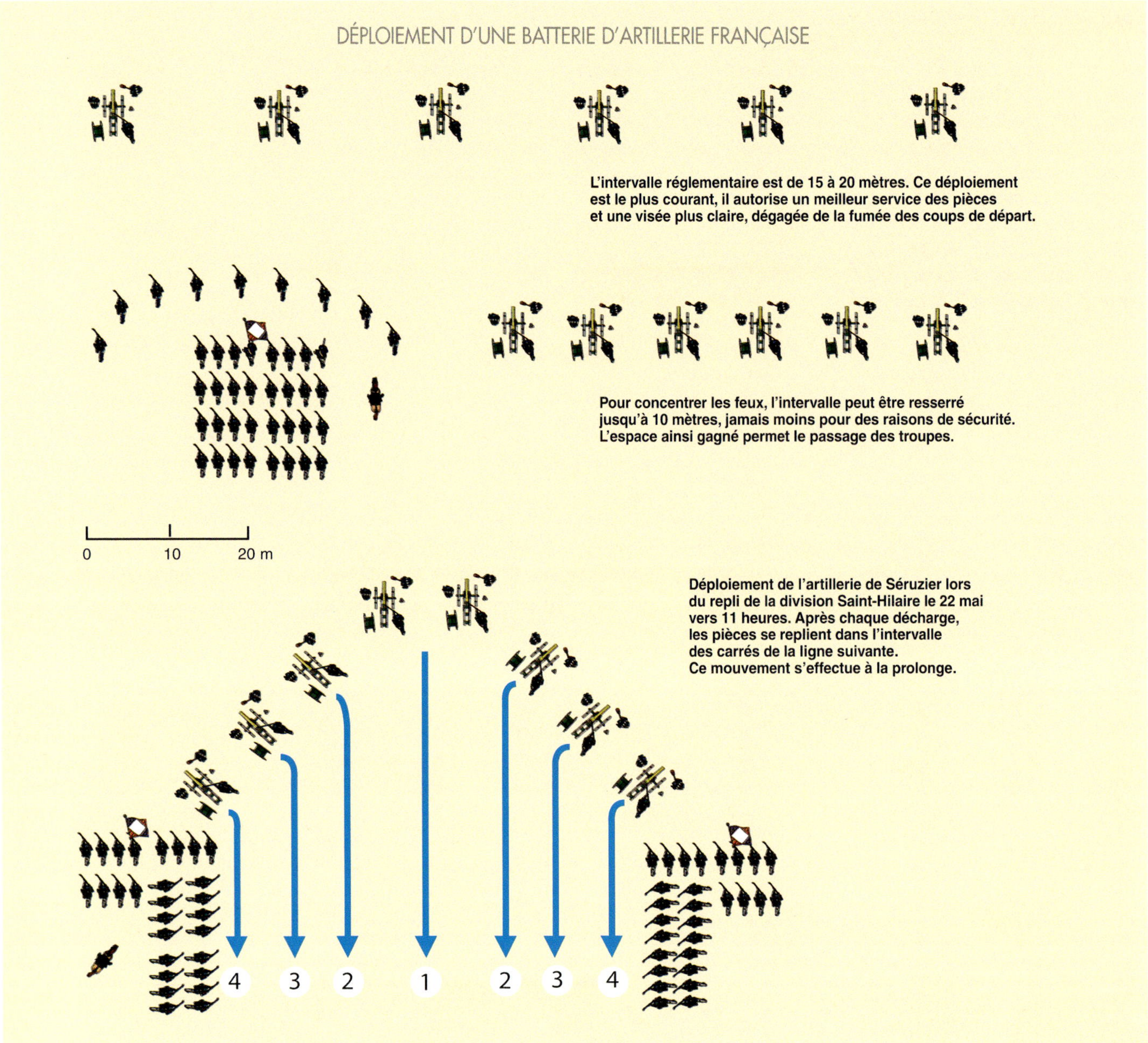

entre Essling menacé et Aspern. La retraite se fait en échiquier et en carré, l'artillerie de Serrurier est placée en triangle devant un intervalle du front de la division Tharreau, elle ne tire qu'à courte distance puis se reforme dans l'intervalle suivant *(cf. nos schémas ci-dessus)*. La pression autrichienne se fait sentir, Bellegarde au centre, Liechtenstein sur le flanc droit se montrent menaçants. Saint Hilaire est mortellement blessé[13]. Le 105e de ligne (division Saint Hilaire) qui avait avancé en colonne de bataillon voit apparaître sur ses flancs une division de cuirassiers, il se déploie au pas de course en ligne, reçoit la charge par un feu de mousqueterie à 20 pas, puis charge en ligne la cavalerie arrêtée et la repousse sur les régiments de grenadiers de la réserve autrichienne.

LES ENFERS SE DÉCHAÎNENT

La rupture des deux ponts est bien plus grave que ce que pouvait savoir Lannes. Elle s'est produite pendant le passage de la brigade de cuirassiers Doumerc — un escadron est coupé en deux et emporté au gré du courant — mais surtout avant que le parc d'artillerie de l'armée, c'est-à-dire les réserves de munitions, ne soient à

13. Le pied emporté par un boulet, il refuse l'amputation et meurt du tétanos le 5 juin.

disposition des troupes. Dès 10 heures, les balles, les boulets et la poudre manquent, c'est-à-dire au moment où les divisions affaiblies de Lannes s'abritent derrière le fossé et le talus couvrant Essling et Aspern. La cavalerie en seconde ligne reste exposée à l'artillerie autrichienne. Boulart dépeint la scène dans toute sa terrible réalité : *« je retrace seulement ce que j'ai vu : à ce propos, je dirai encore que, l'armée étant formée suivant un arc de cercle dont les deux extrémités s'appuyaient au Danube, fit moins d'une demi-lieue l'un de l'autre et dont la flèche n'avait pas un quart de lieue, il n'y avait pas un point de la ligne de bataille et du terrain en arrière qui ne fût en butte aux feux croisés du canon ; et j'ajouterai que le sol était tellement sillonné par les projectiles qu'en nombre d'endroits les sillons se coupaient et s'entrecoupaient de manière à former des espèces d'étoiles. »* Les Autrichiens

Le 105e de ligne résiste aux cuirassiers autrichiens, en dépit de toutes les règles tactiques de l'époque, alors qu'ils sont en formation dite « en ligne ». *Illustration de Ludovic Letrun*

Voulant briller devant l'Empereur après une réprimande, Bessières entraîne des grenadiers de la Vieille Garde en tirailleur faire le coup de feu face à l'artillerie autrichienne. *Composition de L. Letrun*

Page suivante en haut. **En fin de matinée, la Garde, éprouvée par le feu de l'artillerie autrichienne, se déploie afin de rallier les fuyards du corps de Lannes et les replacer dans le rang. Cet épisode est parfaitement décrit par Coignet dans ses cahiers.** *Huile sur toile de Cormon, Musée des Beaux-Arts de Besançon.*

s'avancent sur Lannes, mais il les reçoit à bout portant par une décharge générale et les repousse, les bataillons décimés s'ouvrant ensuite pour laisser charger les cuirassiers. L'Archiduc Charles décide alors de détruire ce centre en agissant uniquement par les masses d'artillerie qu'il concentre entre les deux villages. Cette furieuse canonnade va durer cinq longues et terribles heures. La Garde pourtant en troisième ligne n'est pas épargnée. Jean Roch Coignet témoigne : « *la bataille était aussi furieuse que la veille, les Autrichiens avaient établi en face de nous, sur la gauche du village d'Essling, une batterie de 50 pièces de canon qui nous écrasait de ses feux. Pour répondre à cette canonnade, nous avions devant nous 4 pièces qui ripostaient de leur mieux.* [...] *Nous étions là à poste fixe, destinés, dans les combinaisons de l'Empereur, à masquer à l'ennemi la faiblesse de notre réserve et à faire un rideau devant le Danube. Ainsi nous ne fîmes point un pas en avant et nous ne tirâmes pas un coup de fusil, pendant que les canons autrichiens, braqués à douze ou quinze cents pas, nous faisaient un mal horrible.* [...] *Cependant, nos pertes étaient considérables : il fallut mettre la Garde sur un rang pour présenter à l'ennemi le même front.* [Les fantassins de Lannes commencent à refluer en désordre] *Comme nous étions sur un rang, nos grenadiers saisissaient les soldats par le collet et les mettaient derrière eux, en leur disant : au moins, là, vous n'aurez plus peur.* [Le maréchal Bessières montre alors son intrépidité] *Alors le maréchal Bessières, venu je ne sais d'où, sans soldat, sans cheval, et qui depuis quelques instants se promenait au milieu de nos débris, leur cria :* "camarades, je vais vous conduire en tirailleurs, suivez-moi !" *En effet, ils suivirent tous le maréchal, qui les faisant mettre sur un rang, les établit à portée de fusil des cinquante pièces qui nous écrasaient depuis 11 heures du matin, et fit commencer le feu sur toute la ligne contre l'armée autrichienne.* [...] *Il parvint à faire taire pour un moment les canons ennemis et nous procura un peu de répit. Il tint la plaine avec sa poignée de monde pendant plus de quatre heures* ». C'est à ce moment que vers 16 heures le maréchal Lannes est blessé mortellement par un boulet autrichien[14].

ESSLING ET SON GRENIER

Si au centre la bataille s'éternise, Essling a connu dès le matin des combats décisifs. Dans le brouillard épais des bords du Danube, la cavalerie autrichienne détachée sous les ordres du général Stutterheim (Uhlans de Schwarzenberg) s'est avancée entre Essling et les rives du Danube. Les survivants de la division Lasalle et d'Espagne lui font face et chargent en aveugle, après que la batterie en place sur l'île de Lobau ait tiré quelques décharges de mitraille sur les uhlans qui défilaient sur l'autre rive. Les

14. La blessure de Lannes est en elle-même une énigme. Un écrivain reconstitueur célèbre a même affirmé récemment que le maréchal avait été blessé par un boulet de 4 livres, c'est-à-dire d'un feu fratricide. Marbot désigne un boulet de 3 livres tiré d'Enzesdrof, c'est-à-dire venant de derrière les lignes françaises du centre, quant à Larrey, son compte rendu est éloquent : « un boulet de gros calibre, après avoir fait un premier ricochet dans le fort de sa course, rencontra le genou gauche du maréchal, le traversa dans son épaisseur, et, changeant de direction, sans perdre de sa force, effleura la cuisse droite, dont il coupa les téguments et une portion de la face interne, au lieu le plus saillant, et très près de l'articulation du genou *[...]* le duc en fut renversé sur le coup, en éprouvant une violente commotion au cerveau, et un très grand ébranlement de tous les organes. » *Lannes meurt le 31 mai.*

Les grenadiers du Baron d'Aspre avancent à l'assaut du grenier d'Essling.
Aquarelle Hollitzer, DR.

cavaliers autrichiens s'enfuirent au-delà d'Enzersdorf, désorganisés pour la journée. Mais c'est sur le village même que vont se concentrer, dès 7 heures du matin, les attaques des colonnes Dedovich venant du Nord et Klenau venant d'Enzersdorf.

Trois assauts vont se succéder dans lesquels se distingue le régiment Erzherzog Karl qui s'empare de la partie Est du village. Mais Boudet rejette celui-ci dans la plaine vers 8 heures. C'est avec beaucoup d'inquiétude que Boudet se rend compte que l'espace entre Lannes qui s'avance vers Breitenlee, et lui-même semble aspirer toutes les réserves autrichiennes, la cavalerie de Liechtenstein et la réserve des grenadiers. C'est pourquoi, il fait aménager le grenier d'Essling sur la face nord du village comme la casemate d'un bastion. Le grenier est mis en état de défense, le bâtiment est entouré d'un verger protégé par un muret que Boudet avait fait créneler dès le 21 au matin. Les efforts des Autrichiens leur permettent dans une quatrième attaque de s'emparer du village à l'exception du grenier dans lequel résistent Boudet et quelques centaines de soldats. Vers 12 heures, les grenadiers d'Aspre assiègent le grenier.

LES JEUNES LIONS DE LA GARDE

Napoléon décide d'engager sa Garde, mais parcimonieusement. Sont d'abord envoyés les Tirailleurs de Curial qui étaient dans un premier temps destinés à renforcer Aspern. Ils défilent sous le feu des canons du centre avant de bifurquer vers Essling sous les ordres du général Mouton. Il est 12 h 30 et Napoléon envoie à Davout sur la rive droite un message déroutant mais lucide : « *Rive gauche du Danube à la tête de pont, 22 mai 1809 midi et demi. L'interruption du pont nous a empêché de nous approvisionner, à dix heures nous n'avions plus de munitions. L'ennemi s'en est aperçu et a remarché sur nous. Deux cents bouches à feu auxquelles depuis dix heures nous ne pouvions répondre, nous ont fait beaucoup de mal. Dans cette situation de choses, raccommoder les ponts, nous envoyer des munitions et des vivres, faire surveiller Vienne est extrêmement important. Écrivez au prince de Ponte-Corvo pour qu'il ne s'engage pas dans la Bohème, et au général Lauriston pour qu'il soit prêt à se rapprocher de nous. Voyez M. Daru pour qu'il vous envoie des effets d'ambulance et des vivres de toute espèce. Aussitôt que le pont sera prêt, ou dans la nuit, venez vous*

abouchér avec Empereur. » Cet appel au secours est peu habituel chez l'Empereur et dénote un certain désarroi. Pendant ce temps, Napoléon se rendant compte que les deux régiments de Tirailleurs ne sauront suffire, les fait renforcer par les Fusiliers de la garde sous les ordres du général Rapp.

Celui-ci se remémore la scène dans ses mémoires : « *Le village d'Essling, le point le plus important qui nous restait à défendre,* [était] *inondé par vingt bataillons de grenadiers hongrois nous ne pouvions plus nous y maintenir; déjà ils pénétraient dans la maison carrée que Napoléon avait fait fortifier la veille. Le comte Lobau s'avança à leur rencontre et les arrêta ; mais ils reçurent tout de suite des renforts. L'empereur s'en aperçut : je fus chargé de prendre deux autres bataillons de la jeune garde et de voler au secours des nôtres ; je devais les dégager, faire retraite avec eux, et prendre position entre le village et le reste de la garde, sur les bords du Danube, près du pont qui avait été rompu. Les colonnes autrichiennes s'avançaient de tous les côtés sur ce point, la position devenait terrible : à notre gauche, Masséna occupait encore Gross-Aspern ; il avait perdu beaucoup de monde, mais enfin il se maintenait. Je me mis à la tête de mes deux bataillons et j'entrai dans le village : je disposai mes troupes en arrière du général Mouton ; et fus lui porter les ordres de l'Empereur : mais toute la réserve ennemie, conduite par l'Archiduc Charles, se déployait à quelques pas. Vous avez, dis-je au comte Lobau, étonné ces masses par votre résistance ; abordons-les à la baïonnette rejetons-les sur les colonnes qui s'avancent : si nous réussissons l'Empereur et l'armée nous sauront gré du succès ; si nous sommes malheureux, la responsabilité pèsera sur moi. Sur tous les deux, reprend le général. Nos cinq bataillons s'ébranlent culbutent tout à coup de baïonnettes. Nous sommes maîtres du village, l'Archiduc Charles cherche en vain à le reprendre, cinq fois il ramène ses troupes à la charge cinq fois il est défait ; nous lui fîmes éprouver une perte immense. Nous en avions essuyé aussi une considérable. Le général Mouton, le général Grosse*[15]*, étaient blessés beaucoup d'autres officiers avaient perdu la vie*[16]*. Napoléon fut enchanté de cette affaire. Il me dit des choses flatteuses, et ajouta : "Si jamais tu as bien fait de ne pas exécuter mes ordres c'est aujourd'hui car le salut de l'armée dépendait de la prise d'Essling"*. Boudet une fois

Les grenadiers tentent vainement de s'introduire dans le grenier d'Essling en passant par les rares ouvertures du rez-de-chaussée autour desquelles ils s'agglutinent et sont fusillés par les Français tirant des étages supérieurs.
Composition de Myrbach

15. Le général Gros commandait les Fusiliers. Le 10e bulletin ne le cite que pour avoir « passé au fil de l'épée 700 grenadiers hongrois dans le cimetière d'Essling. »

16. Les pertes en officiers des Tirailleurs et Fusiliers s'élevèrent à 8 tués et 27 blessés.

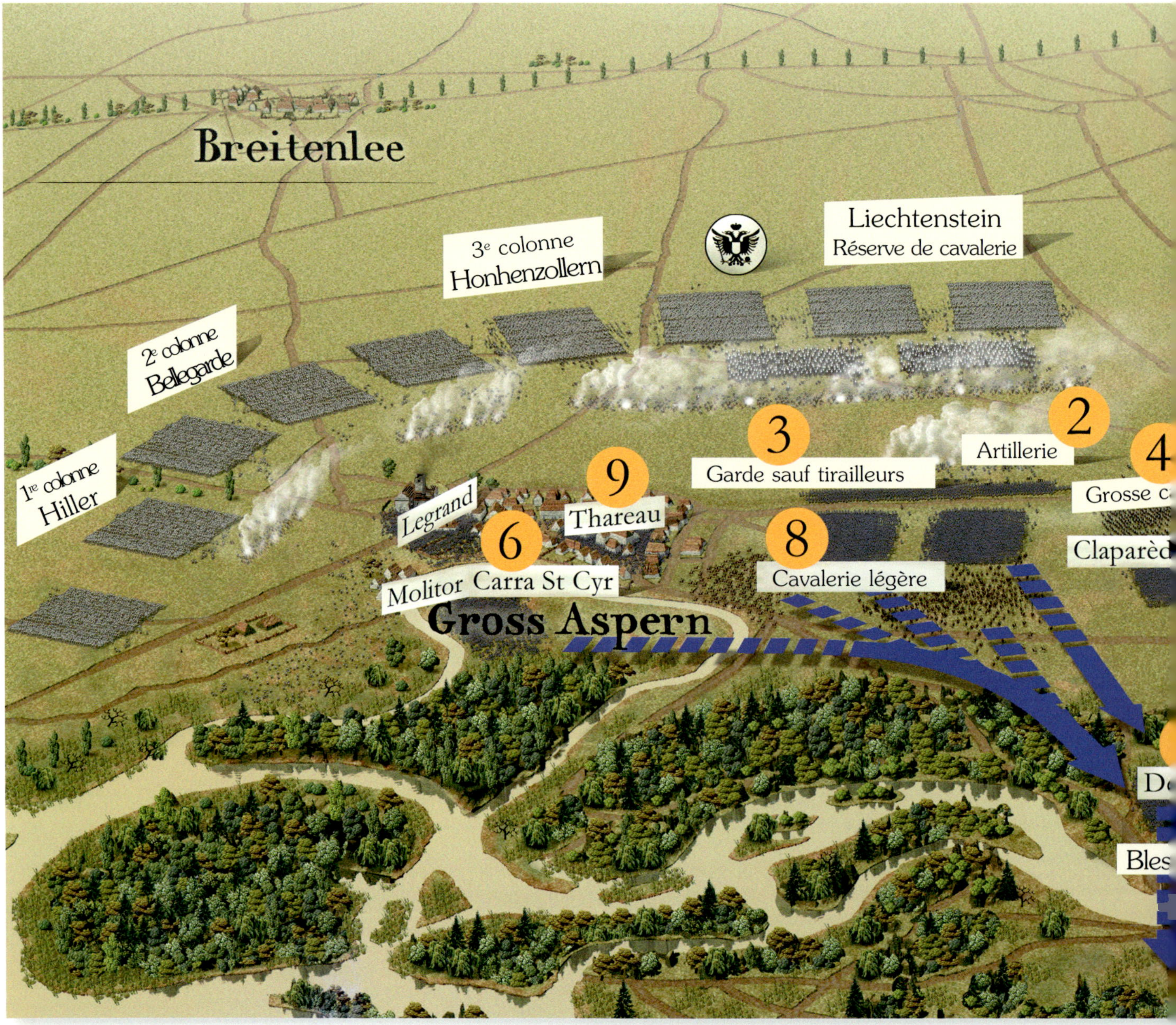

dégagé, il fallu soutenir tout le reste de la journée le bombardement incessant de l'artillerie autrichienne dont les boulets se croisaient venant du nord, de l'est et du sud.

LA RETRAITE DES FRANÇAIS

Les Autrichiens épuisés, n'avancèrent plus après 14 heures, se contentant de vider leurs caissons sur la masse immobile de l'armée française, on estime à 44 000 coups la dépense en boulets autrichiens pour les deux journées.

Napoléon, sachant qu'il n'aurait aucun renfort cette journée, malgré les efforts des généraux Bertrand, Pernetti et Dumas, qui s'affairaient à la réparation des ponts, décide de faire se retirer son armée sur l'île de Lobau. Il est 16 heures, Napoléon croise Lannes, blessé, cette mise en scène chez les mémorialistes est trop fameuse et galvaudée pour qu'elle soit reprise ici. L'ordre de retraite est porté aux maréchaux vers 17 heures, celle-ci doit s'effectuer dans un ordre précis. D'abord évacuer les milliers de blessés qui se pressent près du pont de Lobau, devant lesquels les « immortels » gendarmes de la garde assurent une veille vigilante. Le musicien Girault a essayé pendant deux jours de passer les ponts vers Lobau et n'y arrive qu'en portant un blessé. Suivront ensuite, le matériel d'artillerie qui peut encore rouler, la Garde, sauf les Tirailleurs engagés dans Essling, la grosse cavalerie, la division Demont, Molitor, Carra-Saint-Cyr, Boudet, ce qui reste de Claparède, Saint Hilaire, la cavalerie légère cou-

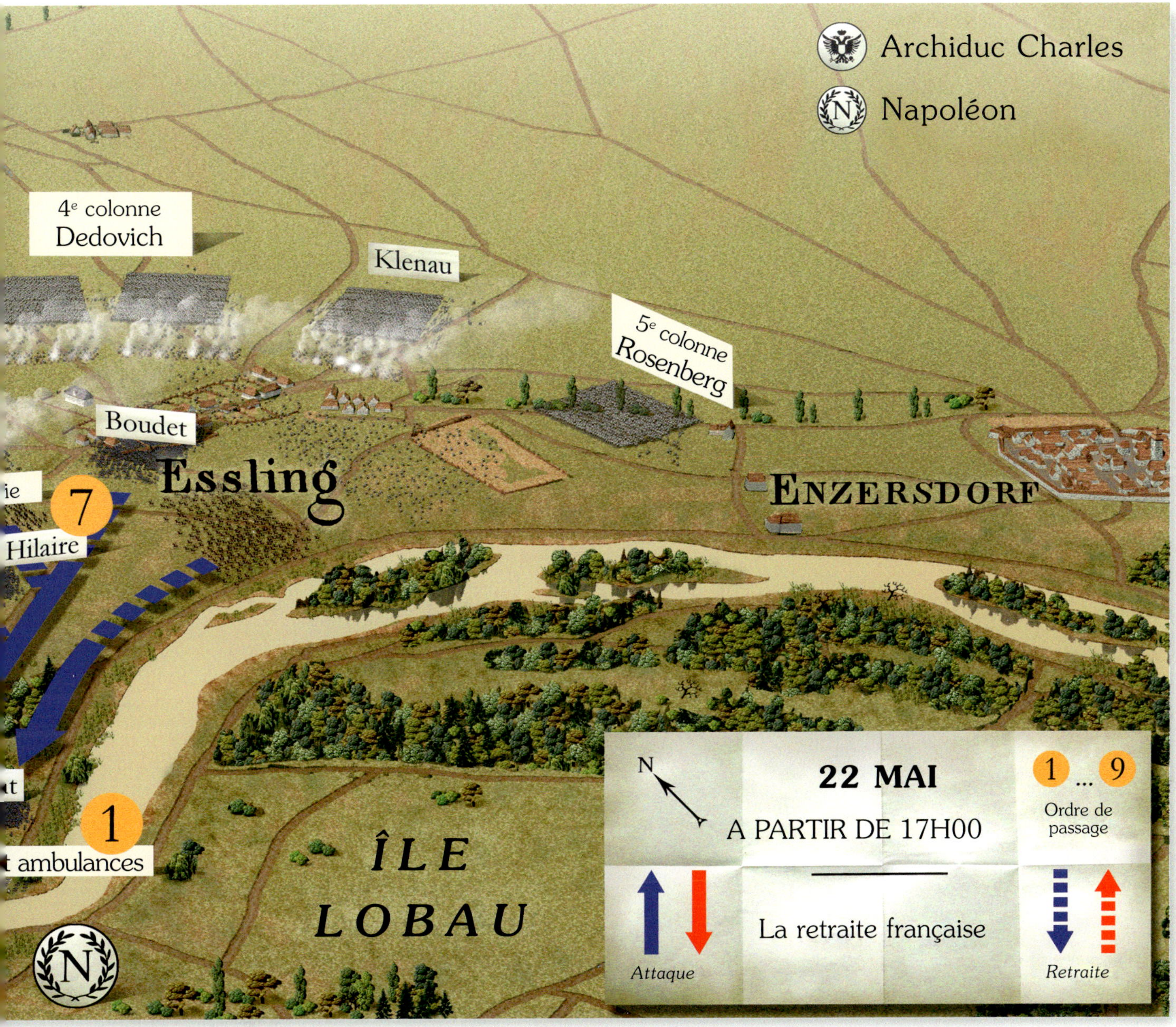

vrant le centre se retirera ensuite devant les divisions Legrand et Tharreau. Napoléon s'installe dans la seule bâtisse de l'île, un relais de chasse, et organise le défilé des troupes au-delà du pont vers la rive gauche. Il réunit vers 19 heures un conseil de guerre, ce qui est extrêmement rare pour lui, dans lequel il demande l'avis des maréchaux présents (Davout vient de traverser en barque), ceux-ci approuvent la retraite.

Les unités françaises s'écoulent lentement les unes après les autres sur l'île sous la direction de Masséna. Les mémorialistes le décrivent comme un modèle de sang-froid : « *Tel le même Masséna dirigeant la retraite de l'armée dans l'île de Lobau, après la bataille d'Essling, faisant emporter tous les blessés et ramasser toutes les armes laissées sur le terrain, ne voulant même pas abandonner une cuirasse aux mains de l'ennemi, et se repliant lentement sur le pont de bateaux, en manœuvrant comme sur le terrain d'une revue.* »[17] Les dernières troupes à repasser le bras du Danube sont trois compagnies de grenadiers de la division Legrand sur le pont qui est replié sous la protection d'une compagnie de voltigeurs qui traversa finalement le bras du fleuve sur deux bateaux sous le feu des chasseurs autrichiens. Nous sommes le 23 mai, il est 7 heures du matin.

17. In Thoumas : Le livre du soldat : vertus guerrières, Paris ; Nancy : Berger-Levrault, 1891, il reprend quasiment mot pour mot la description que l'on retrouve dans Marbot.

Ci-dessus.
Emmenés par les généraux Rapp et Mouton, les fusiliers de la garde reprennent le village d'Essling aux grenadiers hongrois.
Gravure de Pascher, DR.

Ci-contre.
L'Empereur s'adresse une dernière fois au maréchal Lannes, mortellement blessé. Il mourra après plusieurs jours de souffrance le 31 mai.
DR.

Vue d'artiste de la défense du grenier d'Essling par les 400 grenadiers et carabiniers du général Boudet.
Aquarelle d'Hollitzer, DR.

ESSLING : LA BATAILLE CONTROVERSÉE

Après deux jours de combats furieux, les adversaires pansent leurs plaies et comptent leurs morts. Après le bruit des canons et des charges tumultueuses, sonne l'heure des communiqués et des bulletins toujours élogieux. Chaque camp crie victoire et argumente ses décisions. Le Danube rejoint les neiges d'Eylau, les éléments dominent les hommes.

COMMENT JAUGER CETTE BATAILLE ? D'abord par les pertes subies par les deux participants. Les premières évaluations des pertes françaises furent claironnées par l'Archiduc Charles : 7000 morts enterrés par les Autrichiens, et 2300 prisonniers, auxquels s'ajoutèrent 34773 blessés recensés dans les hôpitaux de Vienne soit une perte totale de 44703 hommes, soit près de 60 pour cent des hommes présents sur les deux journées, l'énormité du chiffre est telle qu'il faut certainement en douter. Saski de son côté, évalue à 20000 hommes les pertes totales, ce qui représente quand même 30 pour cent des effectifs. Les Autrichiens ont tenu une comptabilité plus précise : 4286 tués, 16314 blessés, 837 prisonniers, 1903 disparus, 2048 chevaux tués, 1 drapeau et 6 canons perdus, ce qui donne 21 pour cent de pertes.
Les Autrichiens disent avoir pris 3 canons, 7 caissons de munition et 2 drapeaux. Les pertes les plus grandes sont

Ci-dessus. **Vainqueur des Français à Aspern, l'Archiduc Charles trône, à cheval, sur la Heldenplatz, la place des héros.** Photo de l'Auteur.

pour les Français, le terrain reste aux Autrichiens, que dire de plus ?

UNE VICTOIRE AUTRICHIENNE

Mais au-delà des chiffres, la victoire est indéniablement Autrichienne, dans la mesure où Napoléon n'a pas pu déboucher dans la plaine de sa position centrale. Il ne peut donc empêcher la jonction avec les troupes de l'Archiduc Jean (elle ne se fera cependant pas du fait de la défaite de celui-ci à Raab le 14 juin, mais surtout de ses piètres talents). De son côté l'Archiduc Charles a réussi à repousser les Français. Certes, pas dans le Danube, mais ils se retrouvent isolés sur l'île Lobau.

Il faudra trois jours pour rétablir les ponts vers la rive droite et enfin ravitailler l'armée. Ces trois jours d'inactivité des Autrichiens face à des Français, échaudés et battus, seront vivement reprochés à l'Archiduc Charles. Pour sa défense, il avancera l'état d'épuisement de ses troupes et l'énorme consommation des munitions qui laissait son armée sans aucun moyen de poursuivre la lutte dans l'immédiat.

De nombreux enseignements tactiques purent être retirés de cette bataille : l'efficacité du bataillon-masse chez les Autrichiens ; la moindre flexibilité de l'infanterie française qui adoptant des formations de masse augmentait d'autant les pertes face à une artillerie autrichienne qui dominait le champ de bataille, la dispersion dans les unités en Espagne ou dans la Garde des vétérans de la ligne affaiblissait l'efficacité moyenne des unités françaises.

Ci-contre. **Cette gravure allégorique représente l'Archiduc Charles ralliant et emmenant le régiment de Zach à l'attaque en brandissant son drapeau. L'illustration est parfaitement fictive puisque l'Archiduc lui-même a reconnu ne pas avoir brandi cet emblème trop lourd pour être maniée d'une seule main.** Gravure de Hollitzer, DR.

Bruno Colson voit dans cette bataille l'émergence d'un nouveau type de combat, basé sur l'attrition, il considère aussi qu'Essling marque la fin de l'armée autrichienne d'Ancien Régime, celle-ci entrant dans la modernité apportée par le système de guerre napoléonien.

LA CONTROVERSE D'ESSLING

La controverse d'Essling commence dès le 23 mai avec la publication très rapide, trop rapide (le 31 mai dans le Moniteur) du Xe bulletin de l'Armée d'Allemagne . Il suffit d'en retenir un passage : « *La bataille d'Essling, dont il sera fait une relation plus détaillée qui fera connaître les braves qui se sont distingués, sera aux yeux de la postérité un nouveau monument de la gloire et de l'inébranlable fermeté de l'armée française.* »

Monument à la fermeté ! Cela annonce en filigrane, un revers sinon une défaite. Ce qui surprend, c'est aussi le titre de Prince d'Essling donné à Masséna le 31 janvier 1810, surprise puisque Masséna ne combattit pas à Essling mais à Aspern (même si la division Boudet appartenait à son corps, c'est Lannes qui la commandait), doit-on y voir, une négation d'Aspern, revendiquée comme la victoire autrichienne ou plutôt le remerciement de Napoléon à Masséna, pour avoir sauvé l'armée d'une déroute complète ?

Les contemporains ne s'y trompèrent pas, y compris et surtout, les militaires et les dignitaires de l'Empire. Le chancelier Pasquier écrivit dans ses mémoires : « *Le 21 et le 22 du même mois eut lieu la bataille d'Essling. Les troupes furent engagées avant que le passage du fleuve fût complètement effectué. Le pont de bateaux construit sur le Danube se rompit ; la fortune de l'Empereur fut un instant compromise. Il perdit l'élite des vieux soldats de la Garde dont l'intrépidité donna à l'armée le temps de regagner l'île de Lobau. Entre tous les braves qui succombèrent dans cette désastreuse rencontre, il en fut un surtout, le Maréchal Lannes, dont la perte dut lui inspirer de bien vifs regrets. Son éclatante valeur, son habileté reconnue, et la sûreté de son coup d'œil au plus fort du danger, le plaçaient hors de ligne. Nul n'inspirait plus la confiance aux soldats, c'était un de ces hommes qu'on ne remplace pas. Compagnon de fortune et de gloire de Napoléon, dès ses premiers pas dans la carrière, il était peut-être aussi, entre tous ceux qui avaient grandi à ses côtés, celui qui lui portait l'attachement le plus sincère. Sa perte ajouta donc beaucoup à la grandeur de l'échec. Je tiens du général Nansouty que, repassant avec sa division de cavalerie sur le pont qui communiquait encore à l'île de Lobau vers le milieu de la seconde journée, il trouva l'Empereur arrêté à la tête de ce pont et, lui ayant rendu compte de la triste situation des affaires sur le*

Les quelques reliques présentées sur ces pages, ont été ramassées sur le champ de bataille et sont aujourd'hui conservées au musée d'Aspern. Outre les armes, telles ces sabres ou ces baïonnettes, *(ci-dessus)*, **nombre de munitions ont été récupérées sur le champ de bataille, telles ces balles de fusil disposées dans un fragment d'obus** *(photographie n° 2)*, **ces biscaïens mortels** *(photographie n° 3)* **ou cet obus non éclaté** *(photographie n° 5)*. *Collection musée d'Aspern.*

champ de bataille, il n'en put obtenir d'autre réponse que celle-ci: "Que voulez-vous? On n'a cependant jamais passé les fleuves autrement que sur des ponts." *Ces paroles suffisent pour dénoter les reproches qu'il se faisait à lui-même; mais, s'il fut un moment abattu, la force de son caractère ne tarda pas à le relever, et, comme après la bataille d'Eylau, il fut prodigieux par la fermeté de son attitude, la vigueur et la prudence de ses résolutions.* » Ce témoignage de seconde main, est intéressant à double titre. Il cite Napoléon exprimant ses doutes et élude par des circonlocutions dilatoires le mot de défaite. Essling, comme Eylau sera donc marqué du sceau de l'échec. Il faut cependant reconnaître que des trois objectifs que Napoléon s'était donnés, la prise de Vienne, l'interdiction de la jonction entre les deux Archiducs et une bataille décisive, il n'y a guère que le troisième point qui fut un échec complet.

L'EXULTATION GERMANIQUE

Les Autrichiens de leur côté, exultent: L'empereur François a regardé la bataille du Bisamberg: il fait connaître dans une lettre à toutes les cours d'Europe que le 22 mai avait été le plus beau jour de sa vie, il fit distribuer une ration spéciale d'eau-de-vie et de viande à l'armée. Marie-Louise d'Autriche, qui est réfugiée avec la famille impériale à Buda écrit: « *c'est la première fois que Napoléon lui-même a été défait, nous devons en remercier Dieu...* ». L'Angleterre reçoit la nouvelle par ses espions, qui lisent le Moniteur. Le Times de Londres publie le Xe bulletin le 9 juin puis des récits autrichiens, qui ne laissent plus de doutes sur la victoire autrichienne. Le gouvernement anglais se verra alors dans l'obligation de tenir sa parole en envoyant sur le continent un corps expéditionnaire en Hollande dès le mois de juillet. Cette tentative de diversion se terminera par un rembarquement calamiteux en octobre, après que la moitié des troupes débarquées ait été détruites par les fièvres de l'île de Walcheren.

Dans toute l'Allemagne, l'annonce d'Aspern exacerbe les tensions nationalistes, Andréas Hofer au Tyrol remporte des succès grâce à une plus grande mobilisation de ses compatriotes ayant appris la défaite française. Le partisan Ferdinand von Schill (1776-1809), officier prussien, qui avait déjà organisé un corps franc à Kolberg en 1806, tente encore de soulever l'Allemagne en 1809, il s'empare de Stralsund et y est tué le 31 mai. Le duc de Brunswick-Oels se lance avec l'appui de renforts autrichiens dans une campagne de diversion en Saxe dès le 10 juin. Mais Wagram puis Znaïm mettront fin aux rêves des Habsbourg de soulever l'Allemagne. De la mer du nord à la Prusse, les murs se couvrent d'affiches séditieuses: « *la bataille de Vienne s'est donnée le 22 mai. L'Empereur Napoléon doit être du nombre des prisonniers ou des tués parce que les généraux disent qu'on le cherche à l'armée... 25 généraux sont prisonniers dont Davout, Augereau et Lefèvre. Masséna coupé avec son corps de 20000 hommes est cerné sur le Danube.* » En Italie, se diffusèrent sous le manteau des prédications attribuées à des cardinaux proches du pape insistant sur le fait que la défaite d'Essling pouvait être assimilée à un châtiment divin faisant suite aux persécutions dont était victime le Saint-Siège.

Cela n'empêchera pas Napoléon de changer d'avis à propos des armées autrichiennes. Napoléon disait après Ratisbonne (en avril 1809): « *les Autrichiens combattent mal, ce ne sont qu'une foule* », mais en septembre 1809, il avouera officiellement: « *les Autrichiens ne sont pas seulement forts, ils combattent très bien.* » [18]

LES FRANÇAIS RESTENT CRITIQUES

Dans les premières années de la Restauration, l'analyse de la bataille connaîtra des rebondissements. En effet, la fin de la période Napoléonienne est très féconde en analyses historico-militaires des guerres de l'Empire. La controverse, en France, va se concentrer autour de deux aspects de la bataille: l'attaque de Lannes et la rupture des ponts. C'est le général Rogniat qui initie le débat dans ses « *considérations sur l'Art de la guerre* » de 1816. Cet ouvrage, critique et didactique, s'appuyant sur ce que le général avait vu (il commandait le génie du corps de Lannes puis fut chargé de la construction de certains ponts avant Wagram) attaquait certaines visions de la vulgate napoléonienne qui se mettait en place autour des demi-soldes. Présent aux côtés de Lannes le 22 mai, celui-ci lui aurait dit en parlant des Autrichiens face à lui: « *Voilà, une nuée bien noire, on veut que je la perce, nous aurons de la peine.* » Rogniat analyse cette attaque: « *les points de la ligne ennemie que nous cherchons à aborder évitent notre choc en se repliant et nous nous avan-*

18 In extenso dans les annexes.

L'habit en guenilles *(photographie n° 1)* ***appartenait à un fusilier du 21ᵉ de ligne qui a probablement « cassé sa pipe » comme en témoigne ce fragment de pipe en terre*** *(photographie n° 6).* ***L'épaulette ornait l'habit d'un grenadier*** *(photographie n° 4),* ***peut-être un de ceux qui défendirent avec tant d'acharnement et de fureur l'église d'Aspern.***
Collection Musée d'Aspern.

çons ainsi d'une demie lieue. Alors cette pointe se trouve au centre d'un demi-cercle de feux, qui tous convergent sur elle. La mort vole et frappe de tous côtés; les bataillons qu'ont veut développer dans ce rentrant sont écharpés, enfilés; les plus intrépides sont contraints de s'arrêter. Après avoir lutté vainement contre cette tempête, les troupes harassées, réduites à un petit nombre, rétrogradent insensiblement jusqu'à leur première position entre Essling et Gross-Aspern. » Ce faisant, il indique clairement l'intentionnalité du mouvement autrichien. Rogniat est bercé de culture antique et voit dans Essling une tentative de reproduire la bataille de Cannes, en faisant reculer son centre l'Archiduc Charles veut mieux envelopper les Français par les ailes. Rogniat poursuit: *« nous perdîmes la bataille d'Essling pour avoir attaqué en colonne le centre de la ligne autrichienne. Ce centre cédait à propos du terrain à mesure que nous nous avancions, tandis que les ailes se rapprochaient de nos flancs. Par cette manœuvre habile, nous ne tardâmes pas à*

nous trouver au centre d'un demi-cercle d'artillerie et de mousqueterie, dont les feux convergeaient tous sur nos malheureuses colonnes. Les boulets, les balles, la mitraille, se croisaient sur nous dans tous les sens en faisant un

22 mai de 7 heures à 9 heures, les deux hypothèses sur l'attaque de Lannes

La vision autrichienne

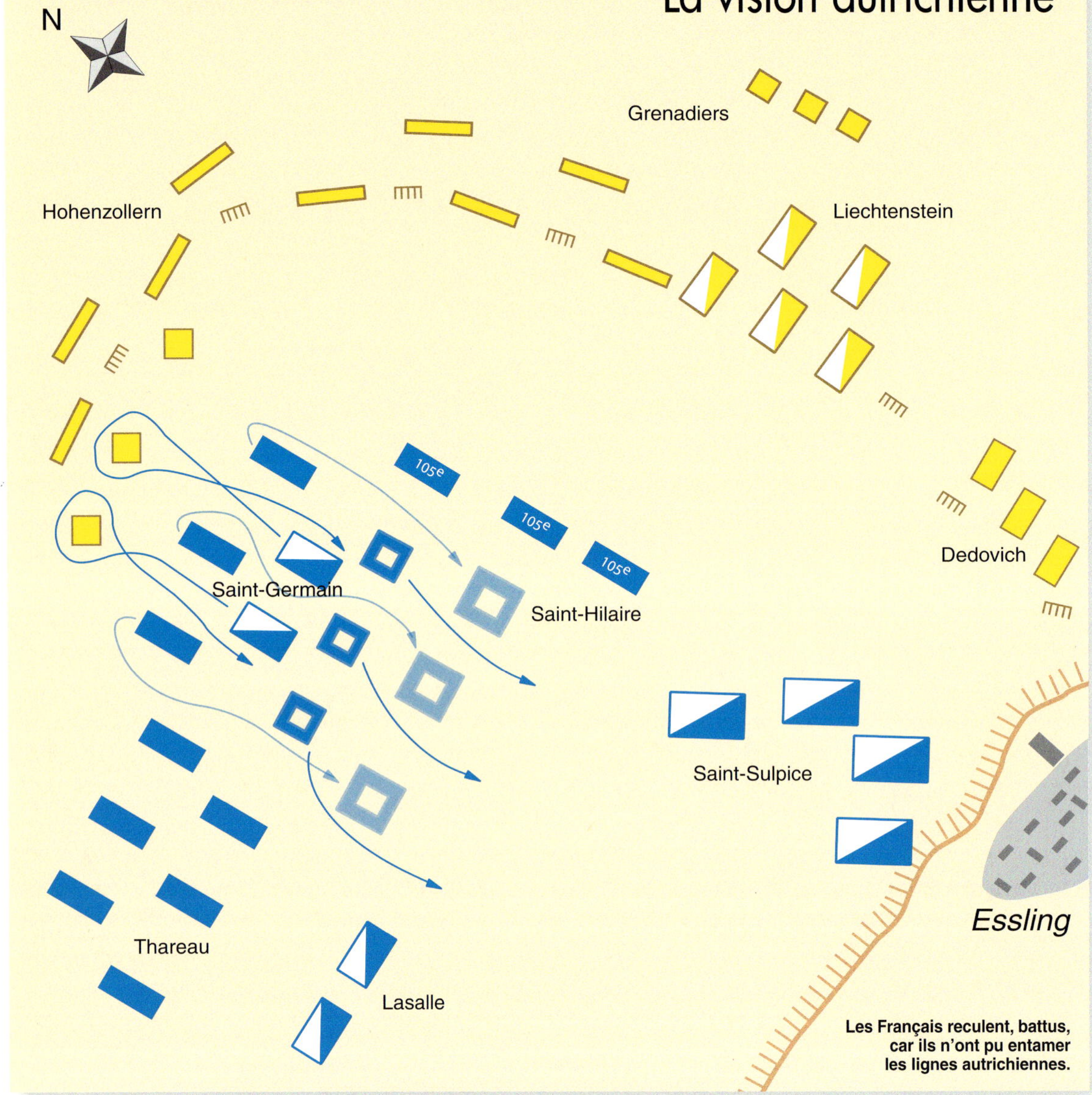

ravage affreux. » Le commandant Boudin de Roville rédigea le journal des opérations de la division Saint Hilaire[19] et renforce cette idée : « *nous débouchâmes dans la plaine, la division Saint Hilaire entre celles d'Oudinot et de Boudet ; l'Empereur jugeant qu'il devait attaquer par le centre, ordonna un mouvement en avant. La division Oudinot*[20] *l'exécuta la première, la division Saint Hilaire ne tarda pas à la suivre. Déjà les boulets venaient dans nos rangs, mais bientôt la distance devenue moins grande, la mitraille et les balles venaient jusqu'à nous.* [...] *par ce mouvement, nous isolions notre gauche de la division Boudet*[21] *et plus nous avancions, plus la distance que nous laissions entre elle et nous devenait considérable. Il était même dangereux que l'ennemi n'en profitât pour venir nous tourner. Plusieurs brigades de Cuirassiers passèrent à côté de nous, leurs charges ne furent pas heureuses* [...] *notre artillerie qui se portait en avant fut bientôt détruite, il ne lui restait qu'une seule pièce en*

19. In Jomini ; Précis de l'Art de la guerre.
20. In Saski, tome III.
21. Oudinot commandait les divisions Thareau et Claparède.

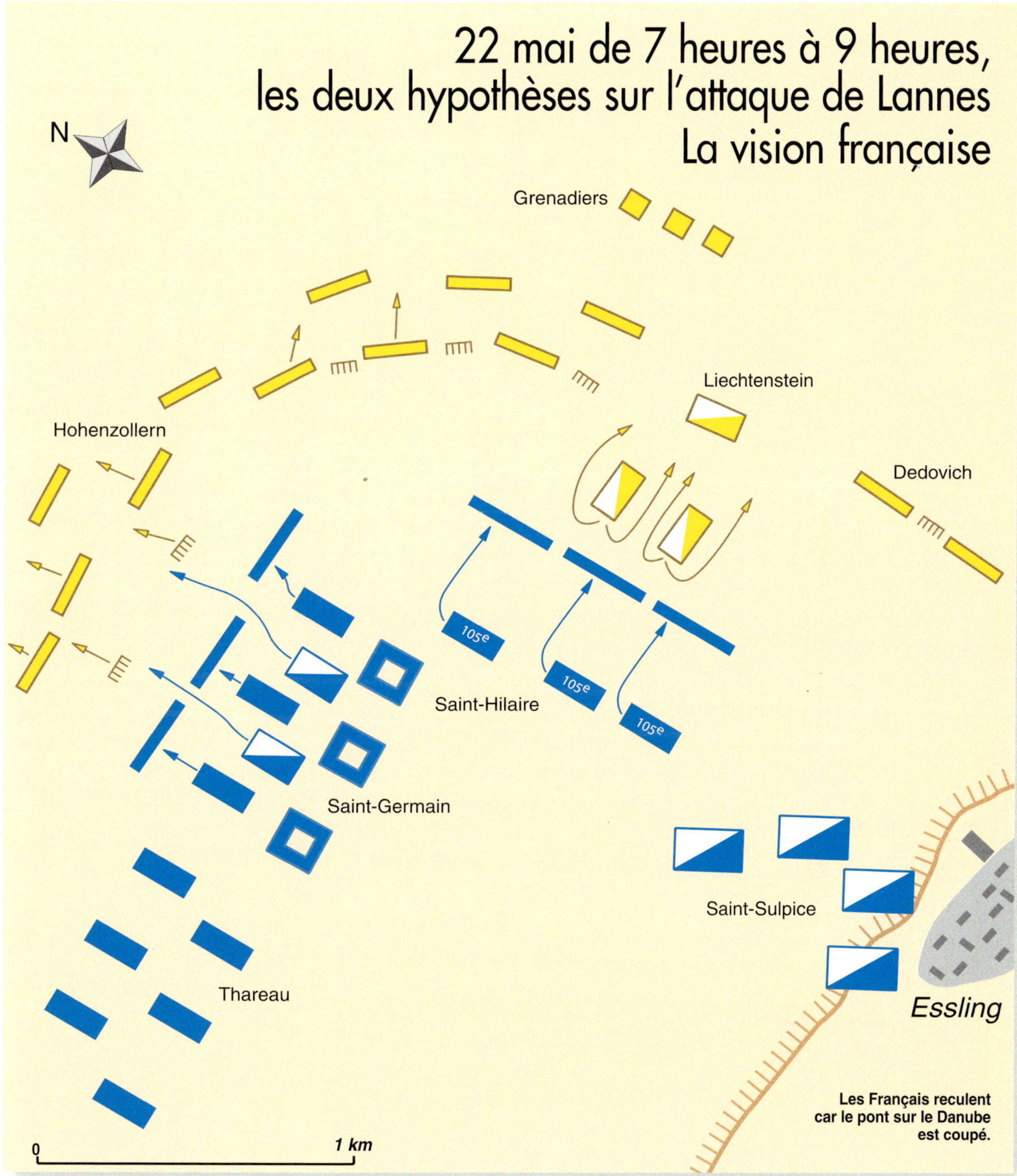

état de faire feu. » Cette présentation dans laquelle l'initiative du combat est aux Autrichiens, est vivement combattue dans un premier temps par Marbot[22] qui reçoit l'appui inespéré de Napoléon. En effet, l'Empereur se fait livrer à Sainte-Hélène les livres publiés en France susceptibles de l'intéresser. Napoléon et Marbot imputent la perte de la bataille uniquement à la rupture des ponts et se montrent en désaccord avec Rogniat sur l'origine de celle-ci. En 1827, Jomini qui n'était pas à Essling mais en Espagne défend Napoléon dans sa « Vie politique et militaire de Napoléon », il réfute Rogniat en indiquant que l'attaque sur le centre autrichien n'était pas un choix pris « étourdiment » mais la seule solution possible. De même, Jomini ne voit pas dans l'attaque de Lannes, la reconduction de la colonne anglaise de Fontenoy dont la lenteur et la pesanteur lui semblaient vouées à un échec. Les mémoires de Savary semblent confirmer l'analyse de Rogniat : *« Je marchais avec le maréchal*

22. Boudin de Roville se trompe, il devrait parler de la droite puisque Boudet occupe Essling.

Ci-dessus.
A l'emplacement de ce modeste monument, les Autrichiens enterrèrent un grand nombre de Français, morts dans les combats qui se livrèrent autour de l'église d'Aspern. Cette stèle est située à quelques mètres de l'église.
Collection de l'Auteur.

En bas.
Les Autrichiens ont élevé ce monument, le Lion d'Aspern à l'emplacement où les combats d'infanterie furent les plus âpres et les plus violents : autour de l'église d'Aspern.
Collection de l'auteur.

Lannes, la canonnade commença presque aussitôt que nous fûmes ébranlés. Elle était meurtrière parce que, outre nous étions près, nous présentions des masses. Les ennemis étaient aussi formés en carré par échiquier et commencèrent un feu de mousqueterie qui nous faisait autant de mal qu'il aurait pu nous en faire s'ils avaient eu quelques bataillons déployés. Nous persistions à pénétrer cette ligne d'échiquiers, lorsque la mitraille et la mousqueterie, décomposant nos colonnes, nous forcèrent d'arrêter et d'engager un feu de canon et de mousqueterie avec le désavantage du nombre. On essaya de balancer tous ces désavantages par des charges de cuirassiers, mais ils avaient à peine percé les lignes d'infanterie des Autrichiens, qu'ils étaient ramenés tambour battant par leur cavalerie, trois fois supérieure. » Plus loin, il ajoute : « *A tous ces inconvénients se joignit celui du manque de munitions, qui fut général vers 8h30 du matin. A cette heure on voyait courir par tout le champ de bataille des officiers qui demandaient où était le parc aux munitions, et il était encore de l'autre côté du Danube.* » Le premier, après les rodomontades des mémorialistes, le commandant Saski pencha pour le stratagème autrichien, il appuya son raisonnement sur l'attaque renouvelée des grenadiers d'Aspre sur Essling qui ne pouvait se comprendre que dans la perspective de la recherche d'un enveloppement de ce côté puisque la situation était bloquée vers Aspern. Bruno Colson, dans sa remarquable thèse[23] sur le général Rogniat prend une position plus nuancée : « *Napoléon a sous estimé la puissance de feu des Autrichiens. C'est elle qui a arrêté l'attaque frontale de Lannes, pas la rupture du grand pont* », il ne va cependant pas dans son raisonnement jusqu'à dénommer « défaite » le revers d'Essling. Un témoignage autrichien[24], malheureusement unique, ce qui en pénalise l'importance, ajoute : « *bientôt tout l'espace entre Aspern et Essling est jonché* "d'hommes de fer", *nous progressons à pas de géants. L'armée française commence à plier ; entre-temps le capitaine du génie Magdebourg a lancé dans le Danube à Stockerau des radeaux chargés de bois et enflammés. Portés par le courant du fleuve, ces radeaux s'en vont démolir les ponts de bateau* ». Ce témoignage laisse à penser que le recul de Lannes précède la coupure des ponts. Si Lannes recule, c'est que l'attaque a échoué.

LES PONTS DU DANUBE, AVANT CEUX DE LA BÉRÉZINA

C'est aussi sur la question des ponts que Marbot et Rogniat se disputent. Notre général du Génie, dénonce les « bricolages » obligés par la précipitation des opérations mais surtout, il impute la destruction des ponts à une tactique définie volontairement par les Autrichiens. Rogniat signale que l'officier Von Magdebourg reçut le titre de chevalier de l'ordre de Marie-Thérèse et une citation à l'ordre de l'armée pour son action du 22 mai. Ce capitaine d'État-Major (1783-1810) équipa des barques, un moulin flottant, en brûlots destinés à rompre les ponts français. Rogniat voit dans cette promotion et ses récompenses la preuve que l'Archiduc Charles avait donné l'ordre de faire rompre les ponts et que le repli devant Lannes était la preuve d'un plan habile coordonné s'appuyant sur le renforcement progressif des lignes autrichiennes mais aussi sur l'espoir de la rupture des ponts. Marbot contredit Rogniat. Il avance que la médaille donnée à Magdebourg (fait rare pour un officier subalterne) est la preuve que celui-ci a fait plus que son devoir donc qu'il n'avait pas reçu d'ordres de faire couper les ponts ce qui prouve *ipso facto* que l'Archiduc Charles n'avait pas de plan pour isoler Napoléon sur la rive gauche.

La réponse de Napoléon à Rogniat, chef-d'œuvre de mauvaise foi, est digne d'être reproduite, tout du moins partiellement[25] : « *1° D'abord nous ne perdîmes pas la bataille d'Essling, nous la gagnâmes ; le champ de bataille de Gross-Aspern à Essling nous resta ; 2° le duc de Montebello n'attaqua pas en colonne mais en bataille ; ce général était le meilleur manœuvrier de l'armée ; 3° ce ne fut pas le prince Charles qui coupa nos ponts, ce fut le Danube, qui en trois jours haussa de 14 pieds* [soit 4,50 m] ». Napoléon ajoute plus loin que le fleuve continua à monter et que cette hausse atteignit 28 pieds (soit 9 m), Rogniat ironisa : « *Si le Danube se fut élevé de 28 pieds, il eut inondé toute l'île de Lobau ; et le soir du 22, notre armée eut été noyée. Heureusement que, dans tout ceci, il n'y a de noyé que la vérité ; l'hyperbole est la figure rhétorique favorite de mon critique* ». Un ouvrage récent sur la campagne de 1809[26], reprend une vision hagiographique d'Essling, son auteur, Michel Molières, rejette la faute de l'échec de l'attaque du centre sur Lannes qui poursuivit son avance au lieu de boucher le trou dans

Les pionniers autrichiens participèrent activement au gain de la bataille en lançant sur les flots du Danube en crue de lourds objets flottants, barques, moulin etc., contribuant ainsi à la rupture du frêle pont sur lequel les Français faisaient passer troupes et munitions.
Composition d'Ottenfelt, DR.

la ligne qui s'ouvrait entre lui et Essling. Il soutient l'idée du heureux hasard sans retenir l'hypothèse d'un plan concerté. Napoléon aurait donc été victime d'un revers de fortune dans lequel il n'avait rien à se reprocher.

CHARLES DÉJÀ CRITIQUÉ

L'Empereur ne fut pas le seul dont les actions furent évaluées. L'Archiduc Charles, bien que vénéré en vainqueur, (sa statue trône à Vienne en face de celle du Prince Eugène de Savoie sur la Heldenplaz — place des Héros — du palais de la Hofburg) fut vivement critiqué. Sa défaite à Wagram effaça rapidement sa victoire d'Aspern et lui fit perdre son commandement en octobre 1809. Il ne combattit plus jamais pour son frère. Les critiques se firent plus vives à la fin du XIXe siècle dans les travaux des États majors[27].

On lui reprocha alors des ordres trop imprécis, il ne suffisait pas de repousser les Français, il fallait les détruire (thèse que le FM Hiller défendit en loyal camarade). Le déploiement et la marche sur les lignes extérieures avaient été mal coordonnés, les colonnes se présentant les unes après les autres et non pas ensemble. L'attention donnée à Aspern le 21 mai, ne se justifiait pas dans la mesure où c'était le centre français qui était le point faible avec sa couverture de cavalerie, un effort coordonné aurait suffi à couper en deux l'armée française.

Mais on lui reprocha surtout l'inertie de l'armée le 22 mai après 16 heures : aucune poursuite des Français en retraite. Tous les témoignages le disent, la déroute n'était pas loin. Jean Roch Coignet, simple grenadier de la garde avait vu juste : « *une dernière attaque de notre côté nous eût perdus à jamais. Par bonheur, il ne profita pas de l'occasion.*

C'est qu'au lieu d'être le grand Napoléon, il n'était que l'Archiduc Charles d'Autriche. » [28]

---

23. Marbot. Remarques critiques sur l'ouvrage de M. le lieutenant général Rogniat. Cet ouvrage parvint à Napoléon, alors exilé à Sainte-Hélène, le 14 mars 1821. Napoléon écrivit dans le codicille de son testament : « J'engage le général Marbot à continuer à écrire pour la défense de la gloire des armées françaises et en confondre les calomniateurs et les apostats. » Il lui légua 100 000 francs.
24. Colson Bruno. Le général Rogniat ingénieur et critique de Napoléon, Economica, Paris 2006.
25. Témoignage du chevalier autrichien Von Grüber in Colson Bruno. Le général Rogniat ingénieur et critique de Napoléon Economica, Paris 2006.
26. Citée in Molières Michel, la campagne de 1809, Le livre chez Vous, Paris 2003.
27. Michel Molières. la campagne de 1809, 2 tomes, le livre chez vous, Paris, 2003.
28. Voir dans la bibliographie, les sources autrichiennes.

***Carabiniers et voltigeurs de la légère.* Compagnies d'élite de l'infanterie légère. Le voltigeur se distingue par ses épaulettes vertes passepoilées de jonquille ainsi qu'au cor ornant ses retroussis, alors que le carabinier, outre son bonnet d'oursin, arbore des épaulettes rouges. Lorsque leurs états de service le permettaient, ces hommes pouvaient être amenés à rejoindre les rangs des chasseurs à pied de la vieille garde ou former les cadres de la jeune ou de la moyenne garde.**

***Grenadier et voltigeur d'Infanterie de ligne, 1809.* Grenadiers, à gauche et voltigeur, à droite constituent les compagnies d'élites des bataillons de ligne qui comptent également, en 1809, quatre compagnies dites de fusiliers.**

***Tirailleurs et voltigeurs de la Garde.* Récemment créée, la jeune garde est présente à Essling. Elle est représentée par quatre bataillons de tirailleurs chasseurs et grenadiers. Au cours des années, le nombre de ces régiments ne va cesser de croître, en 1814, ils seront au nombre de 31.**

***Train d'artillerie et artillerie à pied.* A Essling, l'artillerie française ne jouera pas un rôle déterminant comme ce sera le cas à Wagram. Cependant, tringlots et artilleurs feront toujours acte de bravoure.**
Compositions de Bellangé, collection de l'Auteur.

ANNEXE I

L'ORDRE DE BATAILLE FRANÇAIS, LE 21 MAI 1809

L'organisation en corps des IIe corps de Lannes et IVe corps de Masséna n'est pas respectée pendant les deux jours. L'ordre de bataille français ne présente donc que les divisions ou les brigade ayant effectivement participé aux combats. Les chiffres, par unités, français sont ceux des diverses revues faites avant le combat entre le 1er et 15 mai 1809, il faudrait donc en retirer un nombre incertain de soldats malades, détachés ou absents.

LES DIVISIONS SUIVANTES ÉTAIENT PRÉSENTES LE 21 MAI.
A Aspern. Molitor, Legrand commandées par Masséna.
Au centre. Marulaz, Lasalle, Espagne commandées par Bessières.
A Essling. Boudet, commandée par Lannes.

● DIVISION MOLITOR — 6 474 hommes
— Brigade Leguay
- 2e de ligne — 2 bataillons
- 16e de ligne — 3 bataillons

— Brigade Viviez
- 37e de ligne — 3 bataillons
- 67e de ligne — 3 bataillons

● DIVISION LEGRAND — 4 268 hommes
— Brigade Ledru
- 26e léger — 3 bataillons
- 18e de ligne — 3 bataillons

● DIVISION MARULAZ — 1 520 sabres
- 23e chasseurs à cheval — 3 escadrons
- 3e chasseurs à cheval — 2 escadrons
- 14e chasseurs à cheval — 3 escadrons
- 19e chasseurs à cheval — 3 escadrons
- Dragons légers badois — 4 escadrons — 290 sabres
- Chevau-légers hessois — 3 escadrons — 150 sabres

● DIVISION LASALLE
— Brigade Piré — 1 241 sabres
— 8e hussards — 4 escadrons
— 16e chasseurs à cheval — 4 escadrons

— Brigade Bruyère — 1 200 sabres
- 13e chasseurs à cheval — 4 escadrons
- 24e chasseurs à cheval — 3 escadrons
- Chevau-légers wurtembergeois *« Herzog Heinrich »* — 2 escadrons — 160 sabres

● DIVISION ESPAGNE
— Brigade Raynaud
- 4e cuirassiers — 4 escadrons — 633 sabres
- 6e cuirassiers — 4 escadrons — 655 sabres

— Brigade Fouler
- 7e cuirassiers — 4 escadrons — 525 sabres
- 8e cuirassiers — 4 escadrons — 766 sabres

● DIVISION BOUDET — 5 553 hommes
— Brigade Fririon
- 3e léger — 2 bataillons

— Brigade Valory
- 56e de ligne — 3 bataillons
- 93e de ligne — 3 bataillons

LES RENFORTS FRANÇAIS POUR LA BATAILLE DU 22 MAI, SONT.
A Aspern. Molitor, Legrand, Carra Saint Cyr (Masséna)
Au centre. Marulaz, Lasalle, Saint Germain, Tharreau, Claparède, Saint Hilaire (Lannes et Bessières, ce dernier est en sous ordre de Lannes)
A Essling. Boudet, Curial (Lannes)
Réserves. Demont, Dorsenne, Arrighi

● DIVISION CARRA SAINT CYR — 7 149 hommes
— Brigade Cosson
- 24e léger — 3 bataillons

— Brigade Dalesme
- 4e de ligne — 3 bataillons
- 46e de ligne — 3 bataillons

— Brigade Schinner Hessois — 2 500 hommes
- Leibgarderegiment — 2 bataillons
- Leibregiment — 2 bataillons

● DIVISION THARREAU [29]
— Brigade Conroux — 2 500 hommes
- 1re demie brigade légère — 3 bataillons
  (4e bataillon des 6e, 24e, 25e légers)
- 3e demie brigade légère — 3 bataillons
  (4e bataillon des 9e, 16e, 27e légers)

— Brigade Albert — 2 600 hommes
- 1re demie brigade de ligne — 3 bataillons
  (4e bataillon des 8e, 24e, 45e de ligne)
- 2e demie brigade de ligne — 3 bataillons
  (4e bataillon des 94e, 95e, 96e de ligne)

— Brigade Jarry — 1 800 hommes
- 3e demie brigade de ligne — 2 bataillons
  (4e bataillon des 54e, 63e de ligne)
- 4e demie brigade de ligne — 2 bataillons
  (4e bataillon des 4e, 18e de ligne)

● DIVISION CLAPARÈDE
— Brigade Coëhorn — 1 300 hommes
- 2e demie brigade léger — 4 bataillons
  (4e bataillon des 17e, 21e, 28e légers)
- 4e demie brigade légère — 900 hommes
- Tirailleurs corses — 1 bataillon
- Tirailleurs du Pô — 1 bataillon

— Brigade Lesuire — 1 700 hommes
- 5e demie brigade de ligne — 2 bataillons
  (4e bataillon des 27e, 39e de ligne)
- 6e demie brigade de ligne — 3 bataillons
  (4e bataillon des 59e, 69e, 76e de ligne)

— Brigade Ficatier — 1 550 hommes
- 7e demie brigade de ligne — 2 bataillons
  (4e bataillon des 40e, 88e de ligne)
- 8e demie brigade de ligne — 3 bataillons
  (4e bataillon des 64e, 100e, 103e de ligne)

● DIVISION SAINT-HILAIRE [30]
— Brigade Lorencez

29. Les divisions Tharreau et Claparède sont créées ex-nihilo et bien qu'appartenant aux « grenadiers d'Oudinot », ne sont pas des troupes d'élite mais de nouvelle formation, les anciens soldats ne représentant qu'un tiers des effectifs.

Carabiniers d'un régiment d'infanterie légère. Ces hommes, homologues des grenadiers des régiments de ligne, formaient avec les voltigeurs les deux compagnies d'élite de leurs bataillons.

Ci-contre, à droite, de haut en bas. ***Le général Legrand commande la seconde division du corps de Masséna.*** *DR.* ***Le général Marulaz commande une division de cavalerie légère.*** *Huile de F.G. Giacometti, musée historique de Besançon.*

- 10e léger	3 bataillons	2069 hommes
- 3e de ligne	3 bataillons	1854 hommes
- 57e de ligne	3 bataillons	1548 hommes
— Brigade Destabenrath		
- 72e de ligne	3 bataillons	1665 hommes
- 105e de ligne	3 bataillons	1463 hommes

● DIVISION NANSOUTY[31]

— Brigade Defrance		
- 1er carabiniers	4 escadrons	551 sabres
- 2e carabiniers	4 escadrons	585 sabres
— Brigade Saint Germain		
- 3e cuirassiers	4 escadrons	629 sabres
- 12e cuirassiers	4 escadrons	615 sabres

LA GARDE IMPERIALE

● DIVISION CURIAL

— Brigade Roguet		
- Tirailleurs-chasseurs	2 bataillons	1334 hommes
- Tirailleurs-grenadiers	2 bataillons	1116 hommes
— Brigade Gros		
- Fusiliers-chasseurs	2 bataillons	1272 hommes
- Fusiliers-grenadiers	2 bataillons	1313 hommes

● DIVISION DORSENNE

- Chasseurs à pied	2 bataillons	1519 hommes
- Grenadiers à pied	2 bataillons	1324 hommes

● DIVISION ARRIGHI[32]

(Escadrons de service seulement)

— Brigade Guyot		
- Chasseurs à cheval	2 escadrons	363 sabres
- Grenadiers à cheval	1 escadron	219 sabres
- Dragons de l'Impératrice	1 escadron	254 sabres
— Brigade Krasinski		
Chevau-légers	3 escadrons	414 sabres
Gendarmerie d'élite	1 compagnie	55 sabres

● DIVISION DEMONT

En réserve derrière le retranchement hâtivement construit au débouché du pont vers Lobau, cette division est constitué de 4264 hommes des 4e bataillons des unités suivantes :

- 7e léger,
- 12e, 17e, 21e, 30e, 33e, 61e, 65e, 85e et 11e de ligne.

30. Incontestablement, cette division représente l'élite de l'armée, hors la Garde, surtout avec le 57e surnommé « le Terrible ».
31. La brigade Doumerc, bien qu'appartenant à cette division, n'est citée dans aucune description de la bataille, on y trouve peut-être ces cuirassiers emportés par la rupture du grand pont à 10 heures le 22 mai.
32. La division de cavalerie de la garde n'est citée dans aucune phase des combats, elle devait se trouver derrière la Vieille Garde à pied entre la Tuilerie d'Essling et le pont vers Lobau.

ARTILLERIE FRANÇAISE

Les pièces de 6 livres système An XI dominent, on sait que les artilleurs appréciaient leur poids réduit mais regrettaient leurs performances inférieures aux pièces de 8 livres.

Les obusiers de 7 et 24 livres appartiennent aussi au système de l'an XI. Seuls des parcs incomplets de divisions ont pu passer les ponts dans la nuit du 21 au 22 mai.

La poudre et les munitions manquent dès 10 heures du matin le 22 mai.

Le parc d'artillerie de l'armée est bloqué sur la rive droite vers Ebersdorf, les unités d'infanterie manquent de cartouches dès 9 heures du matin.

	GARDE	2e CORPS	4e CORPS	RÉSERVE de CAVALERIE	Total
— Pièces de 4 livres	0	12	0	0	**12**
— Pièces de 6 livres	4	5	39	0	**48**
— Pièces de 8 livres	0	14	0	16	**30**
— Pièces de 12 livres	4	13	8	0	**25**
— Obusiers de 6 pouces	0	10	0	0	**10**
— Obusiers de 7 livres	0	0	13	0	**13**
— Obusiers de 24 livres	0	6	0	8	**14**
TOTAL	**8**	**60**	**60**	**24**	152

ANNEXE II

L'ORDRE DE BATAILLE AUTRICHIEN, LES 21 ET 22 MAI 1809

1re COLONNE FELDMARSHALL HILLER

● DIVISION D'AVANT GARDE GM NORDMANN

Hussards de Liechtenstein	7 escadrons	640 sabres
Rgt. d'infanterie Gyulai	2 bataillons	1717 hommes
Rgt. Grenzer Saint Georges	1 bataillon	544 hommes
Rgt. Grenzer Broder	2 compagnies	142 hommes
Rgt. Volontaires Viennois N° 1	1 bataillon	544 hommes
Rgt. Volontaires Viennois N° 2	1 bataillon	610 hommes

● DIVISION KOTTULINSKY

Dragons erzherzog Johann	6 escadrons	713 sabres
— Brigade Hohenfeld		
Rgt. d'infanterie Klebek	2 bataillons	824 hommes
Rgt. d'infanterie Jordis	2 bataillons	913 hommes
Rgt. Volontaires Viennois N° 4	1 bataillon	269 hommes

● DIVISION VINCENT

— Brigade Mesko		
Hussards de Kienmayer	7 escadrons	434 sabres
— Brigade Splenyi		
Rgt. d'infanterie Benjowsky	2 bataillons	1130 hommes
Rgt. d'infanterie Splenyi	2 bataillons	938 hommes
— Brigade Bianchi		
Rgt. d'infanterie Duka	2 bataillons	1065 hommes
Rgt. Volontaires Viennois N° 3	1 bataillon	547 hommes

2e COLONNE : GDK BELLEGARDE

● DIVISION FRESNEL

— Brigade Vécsey		
Chevau-légers Vincent	8 escadrons	746 sabres
Chevau-légers Klenau	8 escadrons	780 sabres
— Brigade Wintzingerode		
2e Chasseurs à pied	1 bataillon	891 hommes
Rgt. d'infanterie Mittrowsky	2 bataillons	2185 hommes

● DIVISION VOGELSANG

— Brigade Henneberg		
Rgt. d'infanterie Reuss-Plauen	3 bataillons	3313 hommes
Rgt. d'infanterie Kollowrath	3 bataillons	3185 hommes

● DIVISION ULM

- — Brigade Wacquant		
Rgt. d'infanterie Erzherzog Rainer	3 bataillons	3254 hommes
Rgt. d'infanterie Vogelsang	3 bataillons	3202 hommes

● DIVISION NOSTITZ

— Brigade Schaeffer		
Rgt. d'infanterie Argenteau :	3 bataillons	3397 hommes
Rgt. d'infanterie Erbach	2 bataillons	2315 hommes

3e COLONNE FELDMARSHALL HOHENZOLLERN-HECHINGEN

● DIVISION D'AVANT GARDE

— Brigade Provenchères		
Chevau-légers O'Reilly	5 escadrons	670 sabres
— Brigade Mayer		
7e chasseurs à pied	1 bataillon	493 hommes
8e chasseurs à pied	1 bataillon	620 hommes
2e bat. Volontaires Erzherzog Karl	1 bataillon	958 hommes
Rgt. d'infanterie Stain	2 bataillons	1062 hommes

● DIVISION BRADY

— Brigade Buresh		
Rgt. d'infanterie Zach	2 bataillons	1548 hommes
Rgt. d'infanterie Josef Colloredo	2 bataillons	2064 hommes
— Brigade Koller		
Rgt. d'infanterie Zedtwitz	3 bataillons	1967 hommes
Rgt. d'infanterie Froon	2 bataillons	1500 hommes

● DIVISION WEBER

— Brigade Wied Runkel		
Rgt. d'infanterie Stuart	3 bataillons	2937 hommes
Rgt. d'infanterie Rohan	3 bataillons	2874 hommes
Rgt. d'infanterie Frelich	3 bataillons	3305 hommes

4e COLONNE FELDMARSHALL DEDOVICH et FELDMARSHALL ROSENBERG

● DIVISION D'AVANT-GARDE KLENAU

— Brigade Hardegg		
Uhlans de Schwarzenberg	7 escadrons	917 sabres
1er chasseurs à pied	1 bataillon	917 hommes
— Brigade Frelich		
Hussards de Stipsicz	8 escadrons	861 hommes
Rgt. d'infanterie Erzherzog Karl	3 bataillons	1130 hommes

● DIVISION DEDOVICH

Chevau-légers Rosenberg	4 escadrons	275 sabres
— Brigade Gratze		
Rgt. de Grenzer Walaschish	1 bataillon	650 hommes
Bataillon de volontaires de Mähr	1 bataillon	993 hommes
— Brigade Grill		
Rgt. d'infanterie Erzherzog Ludwig	3 bataillons	2368 hommes
Rgt. d'infanterie Koburg	3 bataillons	2368 hommes
— Brigade Neustädter		
Rgt. d'infanterie Czartorisky	3 bataillons	2248 hommes
Rgt. d'infanterie Reuss-Greitz	2 bataillons	2692 hommes

5e COLONNE HOHENLOHE

● DIVISION D'AVANT GARDE ROHAN

— Brigade Carneville

Volontaires de Carneville	1 compagnie	208 hommes
Volontaires de Carneville	1 escadron	115 sabres
Rgt. de Grenzer Walaschish	1 bataillon	650 hommes

— Brigade Stutterheim

Hussards Erzherzog Ferdinand	8 escadrons	821 sabres
Chevau-légers Rosenberg	4 escadrons	275 sabres

● DIVISION HOHENLOHE

— Brigade Riese

Rgt. d'infanterie Chasteler	3 bataillons	1628 hommes
Rgt. d'infanterie Bellegarde	3 bataillons	2022 hommes

— Brigade Reinhard

Rgt. d'infanterie Hiller	3 bataillons	3450 hommes
Rgt. d'infanterie Sztaray	3 bataillons	2871 hommes

CORPS DE RÉSERVE GDK LIECHTENSTEIN

— Brigade Wartenselben

Hussards de Blankenstein	8 escadrons	1020 sabres

— Brigade Kerekes

Hussards de Primatial	6 escadrons	767 sabres
Hussards de Neutraer	4 escadrons	583 sabres

● DIVISION HESSEN-HOMBURG

— Brigade Siegenthal

Rgt. de cuirassiers Herzog Albert	6 escadrons	553 sabres
Rgt. de cuirassiers Erzherzog Franz	6 escadrons	530 sabres

— Brigade Lederer

Rgt. de cuir. Kronprinz Ferdinand	6 escadrons	518 sabres
Rgt. de cuirassiers Hohenzollern	6 escadrons	599 sabres

● DIVISION KIENMAYER

— Brigade Kroyer

Rgt. de cuirassiers Kaiser	4 escadrons	290 sabres
Rgt. de cuirassiers Liechtenstein	6 escadrons	567 sabres

— Brigade Rottermund

Dragons de Riesch	6 escadrons	623 sabres

— Brigade Clary

Dragons de Knesevich	6 escadrons	644 sabres

● DIVISION DE GRENADIERS LINDENAU

— Brigade Murray

Bataillon de grenadiers Leiningen	1 bataillon	742 hommes
Bataillon de grenadiers Portner	1 bataillon	713 hommes
Bataillon de grenadiers Georgy	1 bataillon	745 hommes
Bataillon de grenadiers Wieniawsky	1 bataillon	837 hommes
Bataillon de grenadiers Demontant	1 bataillon	778 hommes
Bataillon de grenadiers Legraud	1 bataillon	744 hommes
Bataillon de grenadiers Hohenlohe	1 bataillon	708 hommes
Bataillon de grenadiers Hahn	1 bataillon	504 hommes

● DIVISION DE GRENADIERS D'ASPRE

— Brigade Scovaud

Bataillon de grenadiers Brzenzinski	1 bataillon	610 hommes
Bataillon de grenadiers Puteany	1 bataillon	682 hommes
Bataillon de grenadiers Scovaud	1 bataillon	665 hommes
Bataillon de grenadiers Scharlach	1 bataillon	706 hommes
Bataillon de grenadiers Mayblümel	1 bataillon	727 hommes
Bataillon de grenadiers Oklopsia	1 bataillon	659 hommes
Bataillon de grenadiers Bissingen	1 bataillon	700 hommes
Bataillon de grenadiers Kirchenbetter	1 bataillon	613 hommes

RÉCAPITULATIF GÉNÉRAL

	HOMMES	SABRES	CANONS	Total/colonne
1re colonne	9243	1787	52	**11030**
2e colonne	21742	746	68	**22488**
3e colonne	19328	670	32	**19998**
4e colonne	14227	1192	34	**15419**
5e colonne	10829	1211	34	**12040**
Réserve cavalerie	-	6183	-	**6183**
Réserve grenadiers	11133	-	24	**11133**
Totaux armée	**86502**	**11789**	**244**	**98291**

Ce total n'est qu'une évaluation mathématique et doit être compris comme un maximum, les états des Kriegs Archives furent établis avant la bataille et ne prennent pas en compte les traînards, déserteurs et autres compagnies détachées.
La taille vraisemblable de l'armée autrichienne à Aspern-Essling devait être légèrement inférieure à 90000 hommes.

	Nom du bataillon	Couleur et n° des régiments		
Division de Grenadiers Lindenau	Leiningen	25	35	54
	Portner	40	44	46
	Georgy	17	36	42
	Wieniawsky	10	11	47
	Demontant	7	18	21
	Legraud	9	55	56
	Hohenlohe	1	29	38
Division de grenadiers d'Aspre	Hahn (Hongrois)	2	33	39
	Brzenzinski	24	30	41
	Puteany	14	45	59
	Scovaud	4	49	63
	Scharlach (Hongrois)	31	32	51
	Mayblümel	8	22	60 (h) [33]
	Oklopsia	12	20	23
	Bissingen	3	50	58
	Kirchenbetter (Hongrois)	34	37	48

33. Régiment hongrois, ce bataillon est le seul mixte, grenadiers hongrois et allemands réunis.

L'ARTILLERIE AUTRICHIENNE EN 1809

RÉPARTITION DES CALIBRES PAR TYPE DE BATTERIE

DÉNOMINATION	CALIBRE	Nbr de PIÈCES
Batterie de brigade	3 livres ou 6 livres	8
Batterie de soutien	6 livres, obusier de 7 livres	4 +2
Batterie de cavalerie	6 livres, obusier de 7 livres	4+2
Batterie de position	6, 12 livres, obusier de 7 livres	4+2

RÉPARTITION DES PIÈCES AUTRICHIENNES À ASPERN- ESSLING

Batteries de	**BRIGADE**		**CAVALERIE**	**RÉSERVE**		Total
Calibre*	**3**	**6**	**6**	**6**	**12**	Total
1re colonne	6	24		6	12	**48**
2e colonne		32	6	6	6	**50**
3e colonne		24	6	6	6	**42**
4e colonne		24	12	6	6	**48**
5e colonne		16	6	6		**28**
Réserve cavalerie			42			**42**
Réserve grenadiers		16		6		**16**
Total (par calibre)	**6**	**136**	**72**	**36**	**24**	274

** calibre exprimé en livres (poids du boulet)*

ANNEXE III

Lettre de l'Archiduc Charles à son oncle Albert Von Sachsen-Teschen

Breitenlee ce 24 mai 1809

Mon très cher oncle.

Delmotte[1] quoique souffrant d'une contusion à la main m'a remplacé hier. J'étais si excédé de fatigue et avais encore tant à faire que je n'en pouvais plus ;

je suis encore aujourd'hui tout roué.

Le bon Dieu nous a bénis et nos troupes ont fait merveille, mais notre perte est énorme ;

je l'estime à 15000 hommes, dont presque aucun prisonnier. L'infanterie n'a presque plus d'officiers d'état-major — 11 généraux blessés !

J'ai manœuvré dans cette plaine comme contre les Turcs[2] ; pour me garantir contre la supériorité de la cavalerie ennemie, l'infanterie était en masse de bataillons[3] qui ne déployaient en tirailleur que quand l'un ou l'autre venait sur un bois ou village[4].

La cavalerie ennemie n'est entrée dans aucune de ces masses quoique elle ait culbuté quelques régiments de notre cavalerie[5]. Aussi la plaine est jonchée de cadavres d'hommes et de chevaux de leurs cuirassiers. L'infanterie de la garde n'a pas été plus heureuse[6].

Je pourrais vous raconter des traits de bravoure de nos gens qui m'ont touché aux larmes, mais je laisse tout cela à un moment où j'aurai plus de temps.

L'ennemi est encore en possession d'une île qui s'appelle la Lobau et travers laquelle il avait fait son pont ; j'ai voulu l'en chasser cette nuit[7] mais l'eau s'est tellement accrue que je ne l'ai pas pu. Je compte décamper demain d'ici, puisque l'armée ennemie est partie aussi[8], mais je ne sais pas encore par où puisque les îles boisées du Danube m'empêchent de le voir.

J'attends donc des nouvelles là-dessus ; j'espère de pouvoir manœuvrer de manière à reprendre l'offensive.

Pardonnez à mon style, à mon écriture, à toute cette lettre et croyez que c'est un sacrifice à la tendresse filiale que d'écrire quand on est si fatigué et qu'on a tant à faire comme moi.

Adieu je vous embrasse bien tendrement un million de fois.

Le Duc Albert Von Sachsen-Teschen est l'époux de l'archiduchesse Marie Christine, fille de Marie Thérèse. Ancien général, il a combattu contre les Turcs et les Français pendant les guerres de la révolution, il était le mentor militaire de l'Archiduc Charles.

Cette lettre écrite en français est extraite des annexes (p. 482) du volume II de : « *Erzherzog Karl von österreich, ein lebensbild* » de Oskar Criste, Braumüller, Vienne, 1912.

---

1 GM Johan Von Delmotte Aide camp particulier de l'Archiduc Charles.

2 Allusion aux batailles de 1789 contre les Turcs aux quelles le Duc a participé, il existe au Heeres-gesichtlisches Museum de Vienne, une peinture de la bataille de Manistrelli, montrant un déploiement en bataillons masses ou carrés s'appuyant sur un village et un bois, l'armée déployée en croissant, comme à Aspern, repoussant une attaque de cavalerie au centre.

3 l'Archiduc Charles traduit maladroitement le terme « bataillon masse » en « masses de bataillons ».

4 Il semble donc que toutes les attaques contre des obstacles furent faites en tirailleurs.

5 L'Archiduc Charles renvoie à l'épisode de la charge contre les hussards d'Insurrection hongroise.

6 La garde a peu « donné » mais a souffert des pertes importantes en protégeant la retraite du corps de Lannes.

7 On ne possède pas de témoignage français de cette attaque nocturne.

8 l'Archiduc Charles ignore donc la situation de l'armée française, isolée sur Lobau.

DIXIÈME BULLETIN DE L'ARMÉE D'ALLEMAGNE

VIS-À-VIS EBERSDORF, LE DANUBE EST DIVISÉ EN TROIS BRAS séparés par deux îles. De la rive droite à la première île, il y a deux cent quarante toises ; cette île a à peu près mille toises de tour. De cette île à la grande île, où est le principal courant, le canal est de cent vingt toises. La grande île, appelée In-der-Lobau, a sept mille toises de tour, et le canal qui la sépare du continent a soixante et dix toises. Les premiers villages que l'on rencontre ensuite sont Aspern, Essling et Enzersdorf. Le passage d'une rivière comme le Danube, devant un ennemi connaissant parfaitement les localités et ayant les habitants pour lui, est une des plus grandes opérations de guerre qu'il soit possible de concevoir.

Le pont de la rive droite à la première île et celui de la première île à celle d'In-der-Lobau ont été faits dans la journée du 19, et, dès le 18, la division Molitor avait été jetée par des bateaux à rames dans la grande île.

Le 20, l'Empereur passa dans cette île et fit établir un pont sur le dernier bras, entre Aspern et Essling. Ce bras n'ayant que soixante-dix toises, le pont n'exigea que quinze pontons et fut jeté en trois heures par le colonel d'artillerie Aubry.

Le colonel Sainte-Croix, aide de camp du maréchal duc de Rivoli, passa le premier dans un bateau sur la rive gauche. La division de cavalerie légère du général Lasalle et les divisions Molitor et Boudet passèrent dans la nuit.

Le 21, l'Empereur, accompagné du prince de Neuchâtel et des maréchaux ducs de Rivoli et de Montebello, reconnut la position de la rive gauche et établit son champ de bataille, la droite au village d'Essling et la gauche à celui d'Aspern, qui furent sur-le-champ occupés. Le 21, à quatre heures après midi, l'armée ennemie se montra et parut avoir le dessein de culbuter notre avant-garde et de la jeter dans le fleuve : vain projet ! Le maréchal duc de Rivoli fut le premier attaqué, à Aspern, par le corps du général Bellegarde. Il manœuvra avec les divisions Molitor et Legrand, et, pendant toute la soirée, fit tourner à la confusion de l'ennemi toutes les attaques qui furent entreprises. Le duc de Montebello défendit le village d'Essling, que le maréchal duc d'Istrie, avec la cavalerie légère et la division de cuirassiers Espagne, couvrit la plaine et protégea Enzersdorf. L'affaire fut vive ; l'ennemi déploya deux cents pièces de canon et à peu près 90 000 hommes, composés des débris de tous les corps de l'armée autrichienne.

La division de cuirassiers Espagne fit plusieurs belles charges, enfonça deux carrés et s'empara de quatorze pièces de canon. Un boulet tua le général Espagne, combattant glorieusement à la tête des troupes, officier brave, distingué et recommandable sous tous les points de vue. Le général de brigade Fouler fut tué dans une charge (Fouler, que l'on croyait mort, avait été blessé et fait prisonnier).

Le général Nansouty, avec la seule brigade commandée par le général Saint-Germain, arriva sur le champ de bataille vers la fin du jour. Cette brigade se distingua par plusieurs belles charges. A huit heures du soir le combat cessa, et nous restâmes entièrement maîtres du champ de bataille.

Pendant la nuit, le corps du général Oudinot, la division Saint-Hilaire, deux brigades de cavalerie légère et le train d'artillerie passèrent les trois ponts.

Le 22, à quatre heures du matin, le duc de Rivoli fut le premier engagé. L'ennemi fit successivement plusieurs attaques pour reprendre le village. Enfin, ennuyé de rester sur la défensive, le duc de Rivoli, attaqua à son tour et culbuta l'ennemi. Le général de division Legrand s'est fait remarquer par ce sang-froid et cette intrépidité qui le distinguent.

Le général de division Boudet, placé au village d'Essling, était chargé de défendre ce poste important.

Voyant que l'ennemi occupait un grand espace de la droite à la gauche, on conçut le projet de le percer par le centre. Le duc de Montebello se mit à la tête de l'attaque, ayant le général Oudinot à la gauche, la division Saint-Hilaire au centre et la division Boudet à la droite. Le centre de l'armée ennemie ne soutint pas les regards de nos troupes. Dans un moment tout fut culbuté. Le duc d'Istrie fit faire plusieurs belles charges qui toutes eurent du succès. Trois colonnes d'infanterie ennemie furent chargées par les cuirassiers et sabrées. C'en était fait de l'armée autrichienne, lorsqu'à sept heures du matin un aide de camp vint annoncer à l'Empereur que, la crue subite du Danube ayant mis à flot un grand nombre de gros arbres et de radeaux coupés et jetés sur les rives dans les événements qui ont eu lieu lors de la prise de Vienne, les ponts qui communiquaient de la rive droite à la petite île et de celle-ci à l'île d'In-der-Lobau venaient d'être rompus. Cette crue périodique, qui n'a ordinairement lieu qu'à la mi-juin par la fonte des neiges, a été accélérée par la chaleur prématurée qui se fait sentir depuis quelques jours. Tous les parcs de réserve qui défilaient se trouvèrent retenus sur la rive droite par la rupture des ponts, ainsi qu'une partie de notre grosse cavalerie et le corps entier du maréchal duc d'Auerstaedt. Ce terrible contretemps décida l'Empereur à arrêter le mouvement en avant. Il ordonna au duc de Montebello de garder le champ de bataille qui avait été reconnu et de prendre position, la gauche appuyée à un rideau qui couvrait le duc de Rivoli et la droite à Essling. Les cartouches à canon et d'infanterie que portait notre parc de réserve ne pouvaient plus passer.

ANNEXE IV

L'ennemi était dans la plus épouvantable déroute, lorsqu'il apprit que nos ponts étaient rompus. Le ralentissement de notre feu et le mouvement concentré que faisait notre armée ne lui laissaient aucun doute sur cet événement imprévu. Tous ses canons et ses équipages d'artillerie qui étaient en retraite se représentèrent sur la ligne, et, depuis neuf heures du matin jusqu'à sept heures du soir, il fit des efforts inouïs, secondés par le feu de deux cents pièces de canon, pour culbuter l'armée française.

Ses efforts tournèrent à sa honte ; il attaqua trois fois les villages d'Essling et d'Aspern, et trois fois il les remplit de ses morts. Les fusiliers de la Garde, commandés par le général Mouton, se couvrirent de gloire et culbutèrent la réserve, composée de tous les grenadiers de l'armée autrichienne, les seules troupes fraîches qui restassent à l'ennemi. Le général Gros fit passer au fil de l'épée 700 Hongrois, qui s'étaient déjà logés dans le cimetière du village d'Essling. Les tirailleurs, sous les ordres du général Curial, firent leurs premières armes dans cette journée et montrèrent de la vigueur. Le général Dorsenne, colonel-commandant la vieille Garde, la plaça en troisième ligne, formant un mur d'airain seul capable d'arrêter tous les efforts de l'armée autrichienne. L'ennemi tira quarante mille coups de canon, tandis que, privés de nos parcs de réserve, nous étions dans la nécessité de ménager nos munitions pour quelques circonstances imprévues.

Le soir, l'ennemi reprit les anciennes positions qu'il avait quittées pour l'attaque, et nous restâmes maîtres du champ de bataille. Sa perte est immense. Les militaires dont le coup d'œil est le plus exercé ont évalué à plus de 12 000 les morts qu'il a laissés sur le champ de bataille. Selon le rapport des prisonniers, il a eu 23 généraux et officiers supérieurs tués ou blessés. Le feld-maréchal-lieutenant Weber, 1 500 hommes et quatre drapeaux sont restés en notre pouvoir.

La perte de notre côté a été considérable : nous avons eu 1 100 tués et 3 000 blessés. Le duc de Montebello a eu la cuisse emportée par un boulet, le 22, sur les six heures du soir. L'amputation a été faite, et sa vie est hors de danger. Au premier moment on le crut mort ; transporté sur un brancard auprès de l'Empereur, ses adieux furent touchants. Au milieu des sollicitudes de cette journée, l'Empereur se livra à la tendre amitié qu'il porte depuis tant d'années à ce brave compagnon d'armes. Quelques larmes coulèrent de ses yeux, et, se tournant vers ceux qui l'environnaient : « *Il fallait, dit-il, que dans cette journée mon cœur fût frappé par un coup aussi sensible, pour que je pusse m'abandonner à d'autres soins qu'à ceux de mon armée.* » Le duc de Montebello avait perdu connaissance ; la présence de l'Empereur le fit revenir ; il se jeta à son cou en lui disant : « *Dans une heure vous aurez perdu celui qui meurt avec la gloire et la conviction d'avoir été et d'être votre meilleur ami.* »

Le général de division Saint-Hilaire a été blessé ; c'est un des généraux les plus distingués de la France. Le général Durosnel, aide de camp de l'Empereur, a été enlevé par un boulet, en portant un ordre. Le soldat a montré un sang-froid et une intrépidité qui n'appartiennent qu'à des Français. Les eaux du Danube croissant toujours, les ponts n'ont pu être rétablis pendant la nuit. L'Empereur a fait repasser, le 23, à l'armée, le petit bras de la rive gauche, et a fait prendre position dans l'île d'In-der-Lobau, en gardant les têtes de pont.

On travaille à rétablir les ponts. On n'entreprendra rien qu'ils ne soient à l'abri des accidents des eaux et même de tout ce que l'on pourrait tenter contre eux. L'élévation du fleuve et la rapidité du courant obligent à des travaux considérables et de grandes précautions.

Lorsque, le 23 au matin, on fit connaître à l'armée que l'Empereur avait ordonné qu'elle repassât dans la grande île, l'étonnement de ces braves fut extrême. Vainqueurs dans les deux journées, ils croyaient que le reste de l'armée allait les rejoindre ; et, quand on leur dit que les grandes eaux, ayant rompu les ponts et augmentait sans cesse, rendaient le renouvellement des munitions et des vivres impossibles, et que tout mouvement en avant serait insensé, on eut de la peine à les persuader.

C'est un malheur très grand et tout à fait imprévu que des ponts formés des plus grands bateaux du Danube, amarrés par de doubles ancres et par des cinquenelles, aient été enlevés ; mais c'est un grand bonheur que l'Empereur ne l'ait pas appris deux heures plus tard : l'armée poursuivant l'ennemi aurait épuisé ses munitions et se serait trouvée sans moyen de les renouveler.

Le 23, on a fait passer une grande quantité de vivres au camp d'In-der-Lobau. La bataille d'Essling, dont il sera fait une relation plus détaillée qui fera connaître les braves qui se sont distingués, sera aux yeux de la postérité un nouveau monument de la gloire et de l'inébranlable fermeté de l'armée française.

Les maréchaux ducs de Montebello et de Rivoli ont montré dans cette journée toute la force de leur caractère militaire. L'Empereur a donné le commandement du IIe corps au comte Oudinot, général éprouvé dans cent combats, où il a montré autant d'intrépidité que de savoir.

(Moniteur du 31 mai 1809)

REMERCIEMENTS

La rédaction de ce livre n'aurait pas été possible sans les encouragements constants et les conseils avisés de Denis Gandilhon.
Les sources autrichiennes ont été communiquées par Stefan Spevak, qu'il en soit remercié ici.
Si la visite du champ de bataille fut un grand moment, je le dois à la patience et à la gentillesse de Helmut Tiller, conservateur du musée d'Aspern.
L'éclairage apporté par Michael Hochedlinger des « *Staatsarchive* » de Vienne
et Christophe Hatschek du « *Herresgeschichtlisches Museum* » donne tout son intérêt à cet ouvrage.
Un remerciement particulier doit aller à notre interprète Marie Astrid Grison
ainsi qu'à nos hôtes viennois Christina Pieringer et Stephan Ganzinger.

BIBLIOGRAPHIE INDICATIVE

SOURCES AUTRICHIENNES

— **Von M. Ritter von Hoen und H. Kerchnawe.** « *Geschichte der Kämpfe Österreichs : Kriege unter der Regierung des Kaisers Franz — Krieg 1809* » (Wien, 1910), Band 4 : Aspern

— **Von M. Ritter von Hoen und H. Kerchnawe.** « *Geschichte der Kämpfe Österreichs : Kriege unter der Regierung des Kaisers Franz — Krieg 1809. Nach den Feldakten und anderen authentischen Quellen bearbeitet in der kriegsgeschichtlichen* » (Abteilung des k. und k. Kriegsarchivs. Kartenband, Wien 1910).

— **Rauchensteiner Manfried.** « *Die Schlacht von Aspern am 21. und 22. Mai* » Militärhistorische Schriftenreihe, Heft 11., Heeresgeschichtl. Museum Wien, 1994

— « *Der Feldzug des Jahres 1809 in Süddeutschland* » (Aus der Österreichischen Militärischen Zeitschrift — Jahrgang 1862 und 1863, Wien, 1865).

— **Thielen, Maximilian von** (1781-1865). « *Souvenirs de guerre d'un vétéran autrichien sur les campagnes de 1805 à 1815* » édition traduite et annotée de Mme M. Gendreau (Paris, la Vouivre, 2003).

— **Carl Johann Von Grüber.** « *Souvenirs du chevalier de Grueber, officier de cavalerie autrichien 1800-1820* » (Perrin, Paris 1909).

— **Graf Eugen von Czernin und Chudenic.** « *Erlebnisse eines österreichischen Edelsmannes aus dem Kriegsjahre 1809* » (Kircheisen, Friedrich M. — editor —, Gutenberg-Verlag, Hamburg 1909).

SOURCES FRANÇAISES

— **Saski, Charles Gaspard Louis.** « *Campagne de 1809 en Allemagne et en Autriche* » (Paris, Berger-Levrault ; 1899-1902), 3 volumes.

— **Buat, Edmond (Général).** « *Étude critique d'histoire militaire. 1809, de Ratisbonne à Znaïm* » (Paris, R. Chapelot, 1909), 2 vol. in-8 et 1 vol. d'atlas in-4,

— **Beauvais Charles.** « *Victoires et conquêtes des Français* » (Panckouke, Paris de 1817 à 1825), 28 volumes.

— **Édouard Gachot.** « *1809. Napoléon en Allemagne* » (Paris, Plon-Nourrit, 1913).

— **Molières Michel.** « *La campagne de 1809* » (Paris, Le livre chez vous, 2003), 2 tomes.

— **Société de militaires et de gens de lettres.** « Histoire des armées françaises de terre et de mer de 1792 à 1837. Tome quatrième Delloye, 1838.

— **Thoumas, Charles** (1820-1893). « *Le livre du soldat : vertus guerrières* » (Paris-Nancy, Berger-Levrault, 1891).

— « *Atlas des plans et cartes pour servir à l'intelligence des marches et positions du 7e Corps de la Grande Armée pendant la campagne des années 1808 et 1809* ». s.l.n.d.

— « *Campagne de 1809 en Autriche. D'Essling à Wagram* » in Revue d'histoire nos 101 et 102, mai et juin 1909.

— **Delaborde Alexandre (Comte).** « *Atlas du précis historique de la guerre entre la France et l'Autriche* » (Paris, Anselin et Pochard, 1823).

— **Commandant L. Picard.** la cavalerie dans les guerres de la révolution et de l'Empire, réed Teissedre, (Paris 2000) 2 vols

— **Colson Bruno.** « *Le général Rogniat ingénieur et critique de Napoléon* » (Economica, Paris 2006)

— **Lasalle, Charles** (1775-1809). « *D'Essling à Wagram. Lasalle, correspondance recueillie par Robinet de Cléry* ». (Paris, Berger-Levrault, 1891)

— **Wairy, Constant.** *Mémoires de Constant, premier valet de chambre de l'empereur, sur la vie privée de Napoléon, sa famille et sa cour.* Tome quatrième (Paris, Ladvocat, 1830).

— **Oudinot, Eugénie.** « *Le maréchal Oudinot, duc de Reggio d'après les souvenirs inédits de la maréchale* » par Gaston Stiegler. (Paris, E. Plon, Nourrit, 1894). Auteur(s) : Marmont, Auguste-Frédéric-Louis Wiesse de (1774-1852)

— **Dumas, Mathieu.** « *Souvenirs du lieutenant général comte Mathieu Dumas de 1770 à 1836* ». Tome troisième/publ. par son fils s. d

— **Lejeune, Louis-Francois, baron** (1776-1848). « *Souvenirs d'un officier de l'Empire* » (Toulouse, 1851), 2 vols ou « *Mémoires du général Lejeune* », publiés par G. Bapst (Paris, 895) 2 vols.

— **Savary, Anne-Jean-Marie-René, duc de Rovigo.** « *Mémoires du duc de Rovigo, pour servir a l'histoire de l'empereur Napoléon.* (Paris, 1828), 8 vols.

SOURCES ANGLO-SAXONNES

— **F. Lorraine Petre.** « *Napoleon and the Archduke Charles* » (1909).

— **Parker, Harold Talbot.** « *Three Napoleonic battles* » (Durham, N.C. : Duke university press, 1983).

— **Arnold, James R.** « *Crisis on the Danube Napoleon's Austrian campaign of 1809* » (Publication in London, Arms and armour, 1990)

— **Arnold, James R.** « *Napoleon conquers Austria : the 1809 campaign for Vienna* » (Publication in Westport, Conn., Praeger, 1995)

— **Rothenberg, Gunther Erich.** « *Napoleon's great adversary : archduke Charles and the Austrian army, 1792-1814* » (New York, Sarpedon, 1995)

— **John J. Gill.** « *With Eagles to Glory, Napoleon and his German Allies in the 1809 Campaign* » (Greenhill's Book, Londres, 1992).

— **Douglas, Howard.** « *An Essay on the Principles and Construction of Military Bridges and the Passage of Rivers in Military Operations* », 2nd edition (London, Thomas and William Boone ; 1832), Pages 183 à 191.

Ci-contre.
Les Badois participent aux combats dans Aspern et autour de l'église. Ils livrent là l'un de leurs premiers combats, et probablement l'un des plus acharnés.
Composition de J. Girbal, collection particulière.